Orquídeas

rápido y fácil

> Autor: Frank Röllke | Fotografías: Guido Sachse y otros conocidos fotógrafos especializados en jardinería | Ilustraciones: Heidi Janiček

Indice

Jardinería

Las 5 etapas fundamentales

>> rápido y fácil

2 Cultivo

Las orquídeas no son plantas caprichosas. Si las ubica en el lugar adecuado de su casa se dará cuenta de que son unas plantas de interior fáciles de cuidar.

- 12 Tipos de cultivo
- 14 Orquídeas para la repisa de la ventana
- 16 Vitrinas, galerías e invernaderos
- ➤ 18 **Especial decoración:** Flores exóticas para cada sitio

1 Elección

Si conoce las necesidades de las orquídeas y elige las especies adecuadas podrá disfrutar de sus hermosas flores durante todo el año.

- 6 Las orquídeas son diferentes
- 8 Lo que necesitan las orquídeas
- 10 Sugerencias para la adquisición de orquídeas

3 Cuidados

Si les proporciona el sustrato adecuado y las riega y abona correctamente, no tendrá ningún problema con sus orquídeas.

- 20 El sustrato adecuado
- 22 Cómo trasplantarlas
- 24 Cómo regar y abonar correctamente

4 Protección de las plantas

Los parásitos y agentes patógenos son muy fáciles de erradicar con medios sencillos si se sabe cómo hacerlo.

- 26 Cómo evitar errores de cultivo
- 28 Hongos, virus y bacterias
- 30 Animales parásitos
- ➤ **32 Especial fiestas:**
  Fiesta tropical con orquídeas

5 Multiplicación

Las orquídeas son muy fáciles de multiplicar. ¡Intercambie plantas con otros aficionados a las orquídeas!

- 34 Cómo dividir las orquídeas
- 36 Cómo se reproducen las orquídeas

Descripción de especies
Las 20 especies más importantes

Las orquídeas más hermosas y fáciles de cuidar

- 40 *Phalaenopsis*
- 42 *Paphiopedilum*
- 44 Grupo *Cattleya*
- 46 Grupo *Odontoglossum*
- 48 *Dendrobium*

Tablas de plantas

- 50 Más especies de orquídeas

Apéndices

- ➤ **56 Calendario de trabajo**
- 58 Índice alfabético
- ➤ **61 Zonas climáticas y direcciones de interés**
- ➤ **62 Nuestros 10 consejos básicos**
  Así disfrutará con sus orquídeas

Jardinería

1. Elección	Páginas	6-11
2. Cultivo	Páginas	12-19
3. Cuidados	Páginas	20-25
4. Protección de las plantas	Páginas	26-33
5. Multiplicación	Páginas	34-37

Las orquídeas son diferentes

Las orquídeas son las plantas de interior ideales para quienes disfrutan de lo distinto: florecen durante casi todo el año y le proporcionan a la casa un ambiente exótico.

Las orquídeas nos fascinan por sus flores y por su biología: crecen en el suelo (terrestres) o sobre los árboles (epífitas). Algunas incluso usan sus raíces para obtener agua y nutrientes a partir de la humedad del aire.

Unas flores muy peculiares

Algunas orquídeas tienen flores grandes y multicolores, otras tienen formas muy extrañas y algunas incluso parecen insectos para atraerlos y conseguir su polinización.
Se diferencian de las demás plantas con flores por las siguientes características:
➤ Poseen un único eje de simetría que las divide en dos mitades simétricas.
➤ La flor está formada por dos círculos concéntricos: el externo con tres sépalos y el interno con tres pétalos.
➤ Destacan el sépalo dorsal y el pétalo medio que recibe el nombre de labelo. Es de forma cónica o cilíndrica, o incluso aplanada, y suele estar muy coloreado. La planta lo emplea para atraer a los insectos o aves que se encargarán de su polinización. En algunas orquídeas, el labelo puede tener forma de zapato de señora, mientras que en otras se prolonga en forma de espolón.
➤ Los órganos sexuales femenino y masculino -estilo, estigma y estambres- están unidos formando un aparato columnar llamado giandro. Los granos de polen se unen en masas céreas o harinosas.

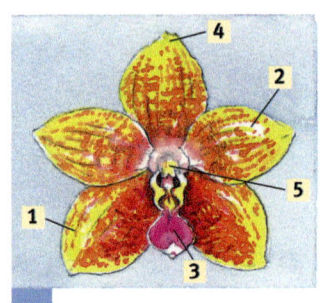

Estructura de la flor:
1. Sépalos 2. Pétalos 3. Labelo 4. Bandera 5. Columna

Morfología, hojas y raíces

Existen orquídeas con un sólo tallo (monopodiales) o con varios tallos (simpodiales).
➤ Las orquídeas monopodiales suelen poseer un tallo único y esbelto de crecimiento vertical, como es el caso de *Aerangis, Angraecum, Phalae-*

En algunas orquídeas, el labelo tiene forma de zapato de señora.

1. Elección
LAS ORQUÍDEAS SON DIFERENTES

Las orquídeas pueden tener varios tallos o sólo uno.

nopsis y *Vanda*. En el centro van generando constantemente hojas nuevas. La hojas viejas se van haciendo amarillentas y se marchitan. La mayoría de las orquídeas del género *Phalaenopsis* mantienen un número de hojas constante, es decir, raramente producen hojas nuevas. Pero tampoco han de ser menos, ya que esto significaría que la planta no está bien cuidada.

➤ Las orquídeas simpodiales generan cada año uno o varios tallos nuevos a partir de su rizoma reptante. Suelen conservar los tallos viejos, por lo que la planta puede llegar a alcanzar un aspecto casi arbustivo y producir también varias flores. Entre las orquídeas con ramificación simpodial encontramos las de los géneros *Cattleya*, *Miltonia* y *Odontoglossum*.

➤ Las orquídeas simpodiales poseen unos órganos abultados y tuberosos denominados bulbos o pseudobulbos. La planta los emplea como órganos de reserva en los que acumula agua y nutrientes para los tiempos de sequía. Para poder florecer, muchas de estas plantas necesitan una fase de reposo.

➤ Las raíces de las orquídeas están recubiertas por una capa carnosa llamada velamen que les sirve para absorber rápidamente el agua, acumularla y luego pasarla a la raíz propiamente dicha. Es especialmente importante para las orquídeas que no arraigan en el suelo, sino que llevan una vida epífita sobre los árboles sujetándose mediante sus raíces aéreas.

Si las orquídeas epífitas se cultivan en macetas (ver págs. 12/13), sus raíces aéreas se transforman en raíces terrestres.

INFORMACIÓN PRÁCTICA

Las orquídeas más conocidas

Algunos de los géneros más apreciadas y fáciles de cultivar son (ver pág. 40):

✗ *Cattleya*: flores grandes y solitarias

✗ *Dendrobium*: flores de formas muy variadas y exóticas

✗ *Odontoglossum*: flores de colores claros y con un dibujo muy atractivo

✗ *Paphiopedilum*: típicas flores en forma de zapato de señora

✗ *Phalaenopsis*: flores con multitud de colores y dibujos

✗ Una de las «orquídeas útiles» es la vainilla (*Vanilla planifolia*). También se la puede cultivar como planta de interior.

Lo que necesitan las orquídeas

Estas exóticas bellezas no son nada caprichosas. Cuando se conocen sus necesidades es fácil elegir las más adecuadas.

La mayoría de las orquídeas tropicales proceden de las pluviselvas de América del Sur, África y sudeste asiático: en esos lugares podemos encontrarlas desde las regiones costeras hasta en zonas montañosas de más de 5.000 m de altitud. Existen unas 30.000 especies naturales y unas 150.000 variedades artificiales. No es difícil encontrar orquídeas fáciles de cuidar que se adapten a cada rincón de la casa.

➤ En sus lugares de origen, las orquídeas terrestres arraigan en el suelo. Sus raíces están adaptadas a la vida terrestre; necesitan disponer siempre de agua y nutrientes en abundancia, por lo que toleran mal las épocas de sequía.

➤ Pero la mayoría de las orquídeas tropicales son plantas epífitas (ver pág. 6). El vivir en lo alto de los árboles tiene una gran ventaja: las orquídeas reciben más luz. Y un inconveniente: disponen de menos agua y nutrientes. Pero las orquídeas no toman agua ni nutrientes de la planta sobre la que crecen, es decir, no son plantas parásitas. Lo que hacen es emplear sus raíces aéreas para absorber agua y nutrientes por condensación. Las orquídeas epífitas toleran mejor las épocas de sequía y generalmente necesitan una época de reposo después de la floración (ver pág. 27).

Luz y humedad

Al ser plantas propias de las selvas tropicales, las orquídeas están adaptadas a la luz solar y al aire libre. En sus lugares de origen reciben unas doce horas de sol al día. Sin embargo en la naturaleza viven generalmente a la sombra de otras plantas, por lo que no toleran bien la luz solar intensa y directa.

➤ En casa, lo ideal es mante-

➤ *Zygopetalum Artur Elle es una de las pocas orquídeas aromáticas.*

SUGERENCIA

Medir el descenso nocturno de las temperaturas

>> rápido y fácil

Emplee un termómetro de máxima y mínima para averiguar si la temperatura nocturna es lo suficientemente baja:

➤ Este termómetro le indicará cuál es la temperatura más alta alcanzada durante el día y cuál es la más baja durante la noche. Para obtener unos valores lo más exactos posible es necesario colocar el termómetro al lado de las orquídeas, ya que la temperatura puede variar mucho de un lugar a otro de la misma habitación.

1. Elección
LO QUE NECESITAN LAS ORQUÍDEAS

> Mientras estén en floración, las orquídeas de ambientes frescos y templados deberán seguir estando en una habitación cálida.

Descenso nocturno de las temperaturas

La mayoría de las orquídeas toleran bien la temperatura habitual de la casa, es decir, unos 20 °C o más. Pero para que puedan desarrollarse bien, necesitan «dormir» en un ambiente algo más fresco. Si se las priva de este **descenso nocturno** (ver sugerencia), muchas orquídeas crecen excesivamente y ya no florecen. Pero toleran perfectamente que alguna noche no baje la temperatura, o incluso que la temperatura se mantenga elevada durante una semana.

A las orquídeas podemos dividirlas en tres grupos en función de las temperaturas que necesitan:

➤ Las orquídeas que necesitan calor hay que mantenerlas por la noche por lo menos a 16-17 °C. Lo ideal es que la diferencia entre temperatura diurna y nocturna sea de unos 4 °C. No toleran bien las oscilaciones más acusadas.

➤ La mayoría de las orquídeas se desarrollan bien a temperaturas templadas y necesitan que por la noche se mantengan entre 13 y 14 °C. La temperatura nocturna no deberá descender nunca por debajo de los 12 °C y debería ser por lo menos 6 °C inferior a la diurna.

➤ Las orquídeas de regiones menos cálidas toleran temperaturas nocturnas entre 10 y 8 °C. También éstas necesitan que la temperatura nocturna sea por lo menos 6 °C inferior a la diurna.

➤ Las orquídeas cultivadas en lugares bien ventilados soportan bien unas temperaturas notablemente más bajas. En verano, las orquídeas de ambientes templados o frescos pueden tolerar temperaturas de hasta 5 °C, siempre y cuando las hojas y las flores no estén mojadas. ∎

ner a las orquídeas en un lugar bien iluminado pero que a la vez esté protegido de la luz solar directa. Si la luz natural no es suficiente o el lugar está demasiado expuesto al sol, deberá emplear luz artificial o darles sombra para mejorar las condiciones ambientales (ver pág. 14).

➤ Las orquídeas necesitan una humedad relativa del aire del 50-70 %. Las cultivadas en macetas necesitan menos humedad que las epífitas. Si la humedad ambiental no fuese suficiente es fácil elevarla con medios muy sencillos (ver pág. 14). También es beneficioso para las personas.

INFORMACIÓN PRÁCTICA

Especies y variedades fáciles de mantener

Las orquídeas de las regiones cálidas y templadas son las más sencillas de mantener:

✗ *Cattleya intermedia* variedad Orlata
✗ *Dendrobium kingianum*
✗ *Laeliocattleya* Ronja
✗ *Odontioda* Lavender Lace × Aviewood
✗ *Oncidium* Aloha Iwanaga
✗ *Paphiopedilum* Actaeus
✗ *Phalaenopsis equestris*
✗ *Phalaenopsis* Taipei Gold

Sugerencias para la adquisición de orquídeas

Su belleza puede inducir a una compra compulsiva, pero si lo medita, evitará equivocarse en la elección y solamente comprará orquídeas que estén en buenas condiciones.

Actualmente se pueden conseguir orquídeas en cualquier tienda de plantas, pero para conseguir las especies más raras es necesario dirigirse a viveros especializados. Muchos de éstos aceptan pedidos por catálogo o por Internet.

➤ Bulbophyllum *es una buena orquídea para los aficionados a las especies de formas raras.*

Una buena elección

Para que el vendedor pueda aconsejarle correctamente es necesario que usted empiece por tener muy claros los siguientes puntos:

➤ ¿Dispone de un lugar bien iluminado y sin sol directo para sus nuevas orquídeas?

➤ ¿Va a tener las plantas en una habitación caliente o en un lugar fresco y sin calefacción? Elija orquídeas que se adapten a las temperaturas que puede ofrecerles.

➤ ¿Desea mantener las orquídeas solamente en macetas? Si quiere cultivarlas en cestos colgantes o sujetas a un sustrato compacto (ver pág. 13) deberá ubicarlas en un lugar en el que pueda colgarlas y en el que no importe que gotee agua del riego.

Control sanitario

Analizando los siguientes puntos podrá comprobar la calidad de la orquídea.

➤ Las hojas han de ser verdes y turgentes. Si son demasiado largas y robustas indican que la planta ha crecido demasiado deprisa; estas plantas suelen estar mal arraigadas. Sin embargo, no importa que las hojas tengan pequeñas manchitas o «defectos» de belleza.

➤ En las orquídeas simpodiales, el nuevo tallo deberá ser tan grande como el del año anterior. En las monopodiales, la nueva hoja deberá ser aproximadamente igual a la anterior.

➤ Las raíces pueden colgar por encima del borde de la maceta. Compruebe si la planta también está bien arraigada en la tierra.

➤ La maceta no deberá estar colocada en agua ni sobre una esterilla mojada. La planta estaría demasiado húmeda y podría enfermar fácilmente.

➤ No compre orquídeas que estén al aire libre o en lugares expuestos a las corrientes de aire. Al llevarlas a casa suelen deteriorarse y enferman.

➤ Las orquídeas nunca han de estar envueltas en plástico ya que así es fácil que se infecten por hongos.

Importante: el nombre

Al comprar una orquídea ase-

1. Elección
SUGERENCIAS PARA LA ADQUISICIÓN DE ORQUÍDEAS

> Las flores de Miltonia Red Tide *tienen una forma parecida a la de las violetas. Esta variedad, junto con las del género* Phalaenopsis, *es una de las orquídeas más apreciadas.*

SUGERENCIA

>> rápido y fácil

El transporte

➤ Cuando haga mucho frío, envuelva bien las plantas con varias capas de papel de periódico para evitar un choque térmico durante el transporte.

➤ No coloque las plantas en el maletero del coche, sino en un asiento. Así sufrirán menos en caso de frío o calor extremo.

➤ En verano no deje nunca las orquídeas en un coche aparcado a pleno sol. El calor podría dañarlas fácilmente.

RECUEDE

Detalles a tener en cuenta al comprar las orquídeas

✓ ¿Va a colocar su nueva orquídea en un lugar caliente o fresco?

✓ ¿Cómo quiere cultivar sus orquídeas: en macetas, en cestos o en soportes compactos?

✓ ¿Dispone de un lugar con buena iluminación pero sin sol directo?

✓ ¿Quiere una planta estilizada y ornamental o dispone de espacio para una orquídea grande y de crecimiento arbustivo?

✓ Antes de comprarla, compruebe el estado de salud de la planta.

gúrese de que lleve una etiqueta con su nombre científico. Anótelo para luego poder buscarlo en libros especializados y averiguar cómo ha de cuidar a su planta. La mayoría de las orquídeas carecen de un nombre común en castellano, por lo que solamente se indica su nombre científico.

➤ El nombre científico de las orquídeas se expresa mediante la denominación binomial y se escribe en cursiva: la primera palabra indica el género y tiene la inicial en mayúscula, mientras que la segunda palabra corresponde a la especie, por ejemplo *Cattleya labiata*.

➤ Si una orquídea procede del cruzamiento de dos géneros, su nombre se forma a partir de los de las plantas originales: *Odontonia* = *Odontoglossum* × *Miltonia*.

➤ Si la orquídea procede de más de dos géneros, se le otorga un nuevo nombre acabado en «ara», por ejemplo, *Vuylstekeara*. Estas orquídeas también incluyen el nombre de la hibridación, por ejemplo *Vuylstekeara* Cambria y el nombre de la variedad. Este último se señala mediante comillas, por ejemplo la orquídea *Vuylstekeara* Cambria «Plush».

Tipos de cultivo

Actualmente muchas orquídeas crecen perfectamente en maceta, pero algunas especies resultan mucho más atractivas si se las cultiva como epífitas.
Lo más sencillo es plantar las orquídeas en macetas como cualquier otra planta de interior, pero también se las puede sujetar a un trozo de madera o colocarlas en cestos.

Práctico: Cultivo en macetas

Lo más habitual es mantener las orquídeas en macetas normales. El cultivo en maceta tiene la ventaja de que las raíces nunca llegan a secarse porque están rodeadas por un sustrato húmedo. Así es como mejor pueden tolerar el aire seco de las habitaciones. Las especies que mejor viven en maceta son aquellas que en la naturaleza también arraigan en el suelo, como las de los géneros *Paphiopedilum* o *Cymbidium*. Se pueden emplear macetas de terracota o de plástico, siendo estas últimas las preferidas en la actualidad:

➤ Las macetas de barro son las más bonitas, pero se estrechan y dejan poco espacio para las raíces. Además, las raíces se sujetan con fuerza a sus paredes y a la hora del trasplante puede ser imposible desprenderlas. Las macetas de plástico, especialmente las cilíndricas, ofrecen más espacio para las raíces.

➤ Las macetas de barro suelen tener un sólo orificio de drenaje y es fácil que éste se tapone al colocar la maceta sobre un plato, con lo cual aumenta mucho el riesgo de retención de agua. Las macetas de plástico tienen varios orificios de drenaje y se apoyan sobre unas soportes de 5 cm. El agua sobrante del riego fluye sin trabas.

Los maceteros han de tener un diámetro que por lo menos sea

1 Maceta
Casi todas las orquídeas pueden cultivarse en macetas. Las macetas de plástico transparente son muy útiles porque nos permiten ver el grado de humedad del sustrato.

2 Cesto
El cultivo en cestos es ideal para plantas con inflorescencias colgantes así como para aquellas orquídeas que necesitan un sustrato seco y bien ventilado.

3 Sustrato compacto
Las orquídeas sujetas a un sustrato compacto necesitan una humedad relativa del aire muy elevada. Este medio de cultivo es ideal para vitrinas, invernaderos y terrarios.

2. Cultivo
TIPOS DE CULTIVO

> Las epífitas necesitan poca agua y nutrientes.

Típico: Sustrato compacto

Muchas orquídeas prosperan bien si se las sujeta a un trozo de madera o de corcho y, por lo tanto, no arraigan en tierra. Es un buen método de cultivo para plantas que viven en terrarios (ver pág. 15), vitrinas o invernaderos (ver pág. 16) con una humedad relativa del aire elevada y constante.

➤ Como **sustrato** se emplean trozos de corteza o de madera dura de árboles frutales o de alcornoque, o bien cocos partidos por la mitad. No hay que emplear maderas resinosas, como por ejemplo las de nuestras coníferas autóctonas.

➤ Para **sujetarlas** se puede emplear un cordel fino o un trozo de una media de nylon, ya que es un material elástico que no daña a la planta. Ponga algo de musgo alrededor de las raíces para que sus puntas no se sequen al crecer.

➤ Para **colgarlas** en el terrario o en el invernadero basta con sujetar un trozo de alambre al sustrato y doblarlo hasta darle forma de gancho.

Decorativo: Cultivo en cesto

Esta forma de cultivo consiste en plantar las orquídeas en cestos construidos a base de palitos y varillas de madera. Es un medio muy apropiado para las especies epífitas, y especialmente para orquídeas grandes ya que así el sustrato puede secarse de un modo mucho más uniforme que en la maceta. El cesto permite un buen drenaje del agua de riego y ésta gotea hacia el suelo, por lo que los cestos es preferible colocarlos en invernaderos, vitrinas o terrarios. Dado que la trama del cesto es bastante amplia es necesario emplear un sustrato suficientemente grueso como para que no se salga por las rendijas.

un par de centímetros superior al de la maceta, sea de barro o de plástico.

Así las raíces están bien ventiladas y el sustrato puede secarse ligeramente. Cubra el fondo del macetero con una capa de cantos rodados para evitar que la maceta tenga la base sumergida en el agua que sobre del riego. Las orquídeas con flores colgantes lucen especialmente bien en macetas colgadas del techo, y hay que regarlas bastante poco dado que retienen bastante bien el agua. Al plantarlas, coloque una capa de drenaje para evitar que las raíces estén siempre mojadas (ver pág. 23). Las macetas colgantes son especialmente adecuadas para plantas grandes y con una densa masa de raíces, ya que son las que consumen más agua.

INFORMACIÓN PRÁCTICA

Sujeción de los tallos florales

Para que los tallos florales no se rompan y queden bien ordenados es necesario sujetarlos a un tutor.

🕒 **Tiempo necesario:** 10 min.

Materiales:
✗ Tutores de madera o de caña.
✗ Cordel (o clips de las bolsas de congelados).

Colocación:
✗ Introduzca el tutor en la tierra sin dañar las raíces de la planta.
✗ Sujete el tallo floral con cordel por dos puntos.
✗ Corte los tutores que sean demasiado largos.

Orquídeas para la repisa de la ventana

A mucha gente le gusta mantener sus orquídeas en la repisa de delante de la ventana: es un lugar en el que tienen suficiente luz y en el que se las puede admirar muy bien. A pesar de que junto a la ventana las condiciones de iluminación, humedad ambiental y temperatura no sean precisamente las idóneas, es fácil modificarlas mediante medios muy sencillos. Solamente en los casos más extremos será necesario buscar una nueva ubicación para las plantas.

Conseguir una buena iluminación

Lo ideal es una ventana orientada hacia el sur no demasiado luminosa, también una ventana hacia el norte con buena luz, así como las ventanas de orientación oeste o este. Si el lugar es demasiado sombrío o demasiado soleado, puede hacer lo siguiente:

➤ De finales de primavera a principios de otoño la luz natural suele ser suficiente. En los lugares más sombríos, y durante los meses de invierno, será necesario recurrir a la iluminación artificial. Es suficiente con emplear tubos fluorescentes normales (tubos con luz de día/color 11/860). Para que las plantas reciban suficiente luz es necesario que los fluorescentes abarquen toda la longitud de la repisa de la ventana. Cuélguelos de modo que queden a aproximadamente un metro de las plantas.

➤ Si la ventana es demasiado oscura, o si le dan sombra los árboles o las casas cercanas, será necesario emplear la iluminación artificial supletoria durante todo el año.

➤ Si no puede colocar los fluorescentes lo suficientemente cerca de las plantas y la distancia es superior a un metro será mejor que emplee una pantalla doble, es decir, con dos fluorescentes.

➤ Para ahorrar energía, encienda las luces solamente por la mañana y por la tarde.

➤ Si la luz solar es demasiado intensa deberá ocuparse de dar sombra a las plantas. Esto suele ser necesario a mediodía en las ventanas de orientación sureste a suroeste. En casos extremos puede ser necesario cubrir las hojas de las plantas con papel de seda. Pero es mucho más práctico disponer de una cortina o persiana que se pueda graduar según la época del año. Otra buena solución es emplear una serie de plantas de interior que necesiten mucho sol y disponerlas de forma que den sombra a las orquídeas.

➤ Lo más sencillo es desplazar las orquídeas en verano y colocarlas más hacia el interior de la habitación. Normalmente, para protegerlas de la luz solar directa basta con colocarlas a un metro de la ventana.

Elevar la humedad ambiental

Las orquídeas necesitan una

Las macetas colgantes son ideales para las orquídeas con racimos largos y colgantes.

2. Cultivo
ORQUÍDEAS PARA LA REPISA DE LA VENTANA

➤ Para proteger a las orquídeas del exceso de luz podemos emplear cortinas o plantas de interior de hoja ancha

humedad relativa del aire del 50-70 %, valores que raramente se alcanzan en el interior de una casa. Para aumentar la humedad del aire puede hacer lo siguiente:

➤ Coloque recipientes con agua sobre los radiadores de la calefacción o ponga cubetas con agua sobre la repisa de la ventana. También puede llenar un plato hondo con agua, cubrirlo con otro y colocar al orquídea encima de este último. Así la humedad ascenderá directamente hacia las hojas de la planta.

➤ Solamente hay que pulverizar agua sobre las orquídeas si la humedad ambiental es lo suficientemente elevada. Si las orquídeas están en un ambiente muy seco, el agua pulverizada les hace más mal que bien.

Descenso nocturno de la temperatura

No se olvide de que las orquídeas necesitan que la temperatura nocturna sea inferior a la diurna (ver pág. 9). Si se las priva de este ciclo térmico, las orquídeas pueden dejar de florecer. En la mayoría de las casas esto no supone ningún problema ya que la calefacción está regulada por un termostato que hace bajar la temperatura por la noche. Si la habitación estuviese demasiado caliente por la noche será necesario que lleve las orquídeas a otro lugar de la casa. Lo ideal es comprobar el descenso nocturno mediante un termómetro de máxima y mínima (ver sugerencia de la pág. 8).

Una ventana para orquídeas

¿Quiere ofrecerles a sus orquídeas un microclima ideal? Entonces, transforme la repisa de la ventana en una ventana para orquídeas. Lo primero es ampliar la repisa para disponer de más espacio.

➤ Coloque una madera más ancha como repisa y sitúe las cubetas con plantas sobre ella. Forre un bastidor de madera con lona impermeable y coloque una malla metálica y cúbralo con tela metálica. Las plantas estarán situadas sobre la cubeta llena de agua y disfrutarán de un microclima con la humedad ideal.

➤ El ambiente aun les será más favorable si cubre los laterales con vidrios de modo que la ventana se abra hacia el interior de la habitación. Si las orquídeas están muy próximas las unas a las otras deberá ocuparse de que el aire se renueve constantemente. Para ello han resultado ser muy útiles los pequeños ventiladores que venden en las tiendas especializadas en recambios para ordenadores. «Ventilar» va bien a las plantas sin producir corrientes de aire. Deje que sea su electricista el que se encargue de instalarlos. ■

RECUERDE

Para que sus orquídeas se sientan a gusto

✔ Las orquídeas necesitan aprox. 12 h de luz al día.

✔ En los lugares poco iluminados, y en invierno, necesitan luz artificial complementaria.

✔ Asegúrese de que la temperatura descienda lo suficiente durante la noche.

✔ Coloque cubetas con agua en la repisa de la ventana para que la humedad ambiental sea lo suficientemente alta.

✔ Sus plantas prosperarán especialmente bien en el microclima húmedo de una ventana para orquídeas.

Vitrinas, galerías e invernaderos

Las orquídeas viven estupendamente protegidas entre vidrios: así disfrutan de una elevada humedad y de la sombra de las otras plantas.

Si usted posee una vitrina, un terrario o un invernadero podrá cultivar las orquídeas que desee. En esos lugares cerrados es mucho más fácil controlar la temperatura, la luz y la humedad que en una habitación. Así prosperan bien incluso las orquídeas más delicadas.

Una vitrina para orquídeas

Las vitrinas para orquídeas constituyen un elemento muy decorativo para cualquier hogar, pero no se comercializan como tales. Sin embargo, son fáciles de construir. Lo único que deberá hacer es encargar los vidrios de las medidas adecuadas y pegarlos entre sí como si fuese a construir un acuario o un terrario. También puede emplear un viejo terrario. El que la vitrina sea totalmente de vidrio o que tenga una parte de madera o aluminio es algo que ya depende de sus gustos personales. Sea cual sea la solución que elija, deberá tener en cuenta los siguientes puntos:

➤ La vitrina deberá tener unas grandes aberturas en su parte anterior o superior que aseguren una buena ventilación del interior. Éstas también son necesarias para poder acceder a las plantas y cuidarlas.

➤ La iluminación es preferible situarla sobre la vitrina y por lo menos a un metro de las plantas, de lo contrario se corre el riesgo de que se produzca un calentamiento excesivo. Puede emplear tranquilamente fluorescentes normales (ver pág. 14).

➤ Las orquídeas de la vitrina necesitan calor, pero también aire fresco. Aquí le serán muy útiles los ventiladores que se emplean en los ordenadores (ver pág. 15).

➤ Si desea plantar en el suelo de la vitrina, puede usar una mezcla de tierra para flores y arcilla. Las plantas transpiran mucha agua a través de sus hojas, con lo que elevan notablemente la humedad ambiental. También puede construir el fondo de la vitrina como reserva de agua y cubrirlo con una malla.

➤ La decoración de la vitrina dependerá de su imaginación: por ejemplo, puede forrar una pared con madera, corteza o corcho –las orquídeas lucen mucho más ante un fondo de estas características. Un tronco con epífitas siempre tendrá un aspecto muy natural. Para ello basta con sujetar un tronco o rama en el interior de la vitrina para que las orquídeas puedan crecer encima de él.

Invernaderos

En un invernadero es fácil reproducir perfectamente las condiciones ambientales idóneas para las orquídeas. Reciben suficiente luz, tienen una

➤ *En las vitrinas y terrarios se puede conseguir un microclima idóneo para las orquídeas.*

2. Cultivo
VITRINAS, GALERÍAS E INVERNADEROS

> En los invernaderos y galerías, las orquídeas crecen estupendamente a la sombra de plantas de hoja ancha.

elevada humedad ambiental y la sombra de las otras plantas las protege de la radiación solar directa.

➤ La elección de las orquídeas dependerá de si el ambiente del invernadero va a ser fresco, templado o cálido. También hay que tener en cuenta si la temperatura desciende por la noche y cuánto tarda en recuperarse al hacerse de día. Teniendo en cuentas esto, podrá elegir orquídeas de zonas frías, templadas o cálidas.

➤ Tenga en cuenta que si el invernadero o galería es muy grande, las zonas junto a las paredes exteriores pueden ser bastante más frías que las que están junto a la casa. Pero también puede sacar partido de este efecto. Sitúe las orquídeas que necesitan calor en los lugares más protegidos y coloque junto a las paredes exteriores las que necesitan temperaturas menos elevadas.

➤ Los invernaderos y galerías exteriores tienen grandes superficies acristaladas, por lo que en primavera y en verano será necesario proporcionarles sombra.

➤ Emplee un termómetro de máxima y mínima (ver pág. 8) para comprobar si el descenso nocturno de la temperatura es suficiente.

➤ Coloque otras plantas complementarias de hojas grandes para que transpiren agua y eleven la humedad relativa del aire.

➤ En verano hay que asegurarse de que los invernaderos y galerías estén suficientemente ventilados.

INFORMACIÓN PRÁCTICA

Plantas complementarias apropiadas

Las plantas complementarias ayudan a conseguir el microclima adecuado y crean un buen entorno para las orquídeas.

Para la vitrina:
- Bromeliáceas
- Difenbaquia (*Dieffenbachia*)
- Helechos
- Cordyline
- Calathea
- Marantha

Para invernaderos y galerías:
- Philodendron
- Ficus
- Columnea
- Monstera
- Platycerium

>> especial decoración

Flores exóticas
para cada sitio

Le gustaría tener en todas las ventanas flores de todas las formas y colores durante todo el año. Entonces las orquídeas son ideales para usted.

Si sabe elegirlas y combinarlas encontrará orquídeas adecuadas para las habitaciones frías, templadas y calientes de la casa. Procura buscar variedades con diferentes épocas de floración, conseguirá que sus ventanas se llenen de colorido desde mediados de invierno hasta principios del invierno siguiente.

Las orquídeas más fáciles de cuidar son las que requieren un ambiente cálido. Entre ellas se encuentran las del género *Phalaenopsis*, de las que actualmente existen variedades de todos los colores. Para redondear el conjunto también puede elegir entre *Cattleya*, híbridos de *Dendrobium* y *Phalaenopsis*, *Ascocenda* o las *Vanda* de flores azules. Las orquídeas ideales para ambientes templados son las de los géneros *Aerangis, Angraecum, Brassia, Calanthe*, y diversas variedades como *Paphiopedilum, Masdevallia* y *Zygopetalum*.

Para las habitaciones frías también disponemos de un amplio repertorio entre el que destacan las orquídeas de los géneros *Burrageara, Cymbidium, Miltonia, Odontoglossum, Oncidium* y *Paphiopedilum*. Todas ellas necesitan una fase de reposo para recuperar fuerzas después de la floración. Las orquídeas de ambientes templados o cálidos no siempre necesitan esta fase de reposo, consúltelo al comprarlas.

INFORMACIÓN PRÁCTICA

Disposición en la repisa de la ventana

🕐 **Tiempo necesario:** 1 hora.

Materiales necesarios:

✗ Maceteros adecuados.

✗ Material de drenaje para el macetero, por ejemplo piedrecitas, cantos rodados, corcho, o similares (pero no arena o materiales demasiado finos).

✗ Cubetas para mejorar el microclima.

✗ Material de decoración según sus gustos personales.

✗ Emplee maceteros grandes para que el aire pueda circular bien entre la maceta y el macetero.

✗ Coloque las piedrecitas, cantos rodados u otros materiales de drenaje dentro del macetero para que el agua pueda evaporarse sin que la maceta esté directamente en contacto con ella. No emplee arena o materiales de un grano demasiado fino, porque la maceta se hundiría en ese sustrato y acabaría estando en contacto con el agua.

✗ Las cubetas con agua ayudan a mejorar el microclima junto a la ventana.

La ventana templada

En la cocina y en el vestíbulo conviene emplear géneros que toleren unas oscilaciones de temperatura bastante acusadas, como por ejemplo híbridos de *Dendrobium-nobile*, y todas las especies de *Paphiopedilum* y *Cattleya* (de izquierda a derecha).

> 1

> 2

La ventana fría

En las ventanas con buena luz orientadas al norte florecen bien las orquídeas de los géneros *Odontocidium, Miltonia, Paphiopedilum* (especies de ambiente frío) y *Burrageara* (de izquierda a derecha).

La ventana caliente

> 3

Estas orquídeas son muy apreciadas y siempre viven bien en ambientes cálidos: híbridos de *Dendrobium-Phalaenopsis* y todas las especies de *Phalaenopsis*.

El sustrato adecuado

Para que las orquídeas se mantengan sanas es imprescindible proporcionarles un buen sustrato. Él es el que les proporcionará agua, nutrientes y minerales.

En la naturaleza, las raíces de las orquídeas son aéreas, por

> *La* Brassia Spider's Feast tiene unas raíces muy delicadas, por lo que necesita un sustrato algo más fino de lo habitual.

lo que no están permanentemente húmedas. Por lo tanto, al plantarlas en macetas habrá que emplear un sustrato que

permita una buena ventilación de las raíces. La tierra normal para flores no es apropiada para las orquídeas porque es demasiado fina y se compacta con facilidad. Es imprescindible que compre un sustrato especial para orquídeas. Si siempre compra la misma tierra para orquídeas o se prepara usted mismo la misma mezcla (ver sugerencia), podrá estar seguro de que sus orquídeas vivirán perfectamente durante muchos años.
El sustrato para orquídeas de buena calidad se distingue por las siguientes características y componentes:

➤ Ha de ser grueso y permitir bien la circulación del aire para que las raíces de las orquídeas se sequen bien después de regarlas.
➤ El sustrato de grano grueso se descompone lentamente, mientras que el de grano muy fino lo hace en poco tiempo y libera muchas sales minerales que dañan a las delicadas raíces de estas plantas.

Ingredientes básicos

➤ El principal ingrediente que se utiliza es la **corteza de coníferas mediterráneas** (pino). Si quiere preparar el sustrato usted mismo, en cualquier tienda

Para ahorrar   >> rápido y fácil

Prepare su propio sustrato

Para 10 l de sustrato para orquídeas necesitará lo siguiente:

➤ 8 l de corteza de pino (granulometría 15–25)
➤ 1 l de turba gruesa o musgo de Nueva Zelanda
➤ 1 l de vermiculita, granulado de arcilla y carbón vegetal
➤ 20 g de carbonato cálcico
➤ fertilizante hidrosoluble (dosificar según las instrucciones del producto)

Mezcle bien todos los ingredientes. Si mantiene este sustrato seco y bien ventilado se conserva durante mucho tiempo.

3. Cuidados
EL SUSTRATO ADECUADO

> Poniendo varias macetas en una misma cubeta es posible reunir plantas que necesitan diferentes sustratos.

de jardinería encontrará corteza de pino triturada de distintos grosores. Es preferible elegir las variedades más gruesas, con una granulometría de 15-25. No emplee corteza de coníferas de lugares fríos porque es demasiado resinosa y contiene un exceso de taninos que dañarían las raíces de las orquídeas.

▶ El segundo ingrediente en importancia es la **turba**. Absorbe fácilmente el agua, la retiene y la cede de nuevo a demanda. La turba ha de ser fibrosa, ya que de lo contrario contiene demasiado polvo. Y estas pequeñas partículas de turba harían que el sustrato fuese poco permeable al aire. El porcentaje de turba en la mezcla no deberá superar el 20 % para evitar una excesiva retención de agua.

▶ En vez de turba también se puede usar musgo de Nueva Zelanda *(Sphagnum* sp*)*. A pesar de su fina estructura cede bien la humedad y se extiende bien por las raíces. Es un sustrato que se seca con facilidad, por lo que no hay riesgo de que se produzca una excesiva retención de agua.

Otros ingredientes

▶ **El carbón vegetal** eleva el pH del sustrato, es decir, disminuye su acidez. Es difícil conseguirlo del grano adecuado, pero se puede conseguir en trozos de un centímetro para barbacoas.

▶ **La perlita y la vermiculita** son minerales especialmente tratados que retienen el agua y los nutrientes. Ambos pueden conseguirse en cualquier tienda de material para terrarios.

▶ **Los granulados de arcilla** son un complemento para el sustrato para orquídeas. Mejoran la circulación del aire, tienen una estructura estable y son pobres en sales minerales.

▶ El **carbonato cálcico** ayuda a eliminar el exceso de acidez de los sustratos de corteza. Deberá ir mezclado con un elevado porcentaje de magnesio para poder proporcionar a las orquídeas este oligoelemento tan importante para ellas.

En un buen sustrato, el conjunto formado por carbón vegetal, perlita, vermiculita y granulado de arcilla no deberá superar el 30 % ∎

RECUERDE

Compruebe el sustrato

Mediante este test tan sencillo podrá comprobar si la estructura del sustrato para orquídeas es o no la adecuada:

✓ Humedezca el sustrato y apriételo con el puño.

✓ Si el sustrato se recupera es señal de que su estructura es la adecuada. Permite la circulación del aire y servirá para cultivar orquídeas.

✓ Si permanece apelmazado será mejor que no lo emplee. Se compacta con demasiada facilidad y no permitiría una buena ventilación de la raíces de las orquídeas.

Cómo trasplantarlas

Las orquídeas cultivadas en macetas es necesario trasplantarlas periódicamente. Solamente así podrán desarrollarse bien durante muchos años.

Las orquídeas pocas veces necesitan una maceta de mayor tamaño, pero sí necesitan que les cambiemos periódicamente el sustrato. El sustrato viejo se descompone, se compacta y ya no permite que el aire llegue hasta las raíces de la planta. Además, durante el proceso de descomposición libera sales que son perjudiciales para las raíces.

A las orquídeas que se mantienen como epífitas o en cestos no hay que cambiarles el sustrato, sino que pueden permanecer sujetas a su soporte. Los nutrientes los obtienen exclusivamente del agua de riego.

El momento adecuado

Lo mejor será que trasplante sus orquídeas a mediados de primavera, cuando se inicie su fase de crecimiento. También puede hacerlo desde finales de verano hasta principios de otoño. Nunca hay que trasplantar a las orquídeas durante la floración: durante esa época se muestran muy sensibles ante cualquier cambio y podrían desprenderse de las flores. Tampoco hay que trasplantarlas en pleno invierno ni durante las épocas muy calurosas y secas.

➤ Conviene trasplantarlas por lo menos cada dos años.
➤ Las plantas recién compradas es mejor trasplantarlas al cabo de un año. Tenga en cuenta que en el momento de la compra es probable que ya lleven por lo menos un año en la misma maceta y con el mismo sustrato.

El trasplante paso a paso

Para evitar posibles enfermedades, emplee siempre macetas limpias y sustrato nuevo. Puede volver a emplear la misma maceta bien lavada o, si la planta realmente ha crecido mucho, una maceta nueva cuyo diámetro no sea más de dos centímetros superior al de la maceta antigua. Procure emplear una maceta de plástico con soportes para facilitar el drenaje del agua de riego.

➤ Empiece por sacar la orquídea de la maceta presionando ligeramente alrededor para que se suelten las raíces. Si la planta está muy sujeta, dele la vuelta a la maceta y golpee ligeramente su base.
➤ Elimine cuidadosamente el sustrato viejo con las manos.
➤ Corte las raíces muertas así como los rizomas viejos o en mal estado. Lo mejor es que lo haga con una tijera de jardinero previamente desinfectada. Procure efectuar cortes limpios y sin aplastar ninguna

La Oerstediella centradenis *prefiere un sustrato grueso. Produce muchas plantas hijas.*

3. Cuidados
CÓMO TRASPLANTARLAS

1 Preparación
Elimine el sustrato anterior y corte las raíces viejas. Trátelas con cuidado y no las arranque.

2 Coloque una capa de drenaje
La capa de drenaje es imprescindible para que el sustrato y las raíces puedan secarse.

3 Ponga el nuevo sustrato
Al añadir el sustrato nuevo hay que girar las raíces en la maceta para que no se rompan.

parte de la planta. Ahora también es el momento de eliminar los tallos florales marchitos o viejos. Los cortes grandes deberá desinfectarlos con carbón activo en polvo (puede conseguirlo en farmacias y en tiendas de jardinería).

Llene una cuarta parte de la maceta con material de drenaje, como por ejemplo, cantos rodados, bolitas de arcilla, grava o «chips» de porexpán.

➤ Coloque la orquídea de modo que no sobresalgan raíces por encima del borde de la maceta. Asegúrese de que las raíces aéreas también estén en la maceta.

➤ **Orquídeas monopodiales:** Hay que situarlas en el centro de la maceta. La separación entre la planta y el borde de la maceta será de unos dos centímetros.

➤ **Orquídeas simpodiales:** Los tallos viejos pueden tocar el borde la maceta, pero entre los tallos nuevos y el borde deberá haber una separación de aproximadamente dos dedos. Los bulbos viejos pueden eliminarse, pero habrá que dejar por lo menos tres.

➤ Humedezca ligeramente el sustrato y espárzalo alrededor de la planta. Golpee ligeramente la maceta contra la mesa para que el sustrato penetre entre las raíces y se asiente bien. El cuello de la planta ha de sobresalir del sustrato y quedará a la altura del borde de la maceta.

➤ Apisone ligeramente el sustrato.

➤ Espere uno o dos días antes de regar por primera vez la orquídea recién trasplantada. Hágalo por la mañana para que las raíces tengan tiempo de secarse un poco antes de la noche. ■

INFORMACIÓN PRÁCTICA

Trasplante de orquídeas

🕐 **Tiempo necesario:** Unos 30 minutos por planta.

Material necesario:
✗ Maceta, preferiblemente de plástico.
✗ Material de drenaje: bolitas de arcilla, cantos rodados, cascajo de arcilla o copos de porexpán.
✗ Sustrato: sustrato especial para orquídeas. Comercial o de elaboración propia (ver pág. 20).

Herramientas:
✗ Tijera de jardinería o cuchillo (ambos deberán estar bien afilados).

Cómo regar y abonar correctamente

En cuanto al riego y el abonado de las orquídeas: más vale poco que demasiado. Así no podrá cometer errores en su cuidado.

Las orquídeas necesitan un sustrato moderadamente húmedo. Por lo tanto, riéguelas con poca frecuencia pero en abundancia. Lo importante es que el sustrato pueda secarse bien entre un riego y el siguiente, pero sin llegar a secarse por completo. Para abonarlas es preferible que emplee un fertilizante especial para orquídeas, ya que son productos formulados especialmente para cubrir las necesidades de estas plantas.

El riego

Con un poco de práctica no tardará en dar con el ritmo adecuado para el riego de sus plantas.

➤ Como regla general: a una planta robusta en una maceta de 13 cm de diámetro basta con regarla una vez a la semana.

➤ La necesidad de agua también depende de las condiciones ambientales: si el ambiente es húmedo las plantas transpiran menos agua y hay que regarlas con menos frecuencia. Por el contrario, en tiempo seco y caluroso habrá que regarlas más frecuentemente.

➤ Antes de regar haga siempre la prueba del dedo. Introduzca el dedo en el sustrato: solamente deberá regar si nota que la tierra ya no está fresca y húmeda.

➤ A las orquídeas cultivadas en cestos o sujetas a soportes rígidos hay que pulverizarles agua periódicamente. Si les pulveriza poca agua tendrá que sumergirlas en un cubo cada dos o tres días durante 15 minutos para que las raíces puedan hidratarse a fondo. Estos baños de inmersión también son adecuados para las orquídeas de maceta que se hubiesen secado en exceso.

➤ El mejor momento para regar o para pulverizar agua es a primera hora de la mañana.

Si la cuidamos bien, la Aerangis rhodosticta nos lo agradecerá con una abundante floración.

>> rápido y fácil

SUGERENCIA

Cómo mejorar el agua para regar

➤ Si quiere hacer algo bueno para sus orquídeas, recoja agua de lluvia. Es la mejor para regar ya que apenas contiene sales y minerales.

➤ Si el agua de su región es muy dura (calcárea y rica en sales minerales) puede mejorar su calidad de un modo muy sencillo: hiérvala o riegue a través de un filtro de carbón activo. Así se disminuye su contenido en sales y calcio. Este tipo de filtros se pueden adquirir en comercios de material para el hogar.

3. Cuidados
CÓMO REGAR Y ABONAR CORRECTAMENTE

➤ El agua siempre deberá estar a temperatura ambiente.

➤ Procure no mojar las flores porque podrían aparecer manchas en ellas.

Tampoco deberá acumularse agua en las axilas de las hojas.

El abono

El abono suministra a las orquídeas los principales nutrientes que necesitan: nitrógeno (N), fósforo (P) y potasio (K). Estos abonos se conocen como abonos N-P-K. Pero como abonos completos, también aportan los oligoelementos que necesitan estas plantas, como por ejemplo hierro, magnesio y manganeso. Los abonos especiales para orquídeas no contienen necesariamente unas sustancias distintas a las de los abonos normales, pero es recomendable emplearlos porque su dosificación se ajusta específicamente a las necesidades de estas plantas. Existen en distintas concentraciones, por lo que deberá leer atentamente sus instrucciones antes de abonar las plantas. Los abonos líquidos basta con añadirlos al agua de riego en la proporción adecuada. Los que vienen en forma de polvo o de granulado hay que pesarlos antes de diluirlos en agua. No es recomendable emplear abonos orgánicos porque tardan semanas en surtir efecto, y cuando lo hacen liberan una cantidad de nutrientes que es excesiva para las orquídeas.

➤ *Masdevallia angulata es una forma natural. Necesita muy poco abono.*

Calidad del agua

Las orquídeas necesitan un agua muy blanda. Si el agua es demasiado dura y rica en minerales es necesario tratarla antes de usarla. Para averiguar la calidad del agua de su casa puede informarse en la compañía suministradora o tomar una muestra y pedir que se la analicen en una tienda de acuarios. ∎

RECUERDE

¿Cuándo hay que regar y abonar?

Si tiene en cuenta los siguientes puntos no cometerá ningún error al regar o al abonar.

✓ Antes de regar, haga la prueba del dedo: si el sustrato solamente está ligeramente húmedo tendrá que volver a regar.

✓ Si no está seguro, espere un día más antes de volver a regar.

✓ No deje nunca las macetas sobre el agua.

✓ Emplee agua de lluvia o agua tratada.

✓ Abone solamente con un abono completo especial para orquídeas y siga atentamente las instrucciones del producto.

Cómo evitar errores de cultivo

Generalmente, si no se las cuida correctamente, las orquídeas lo demuestran de algún modo. Si se fija en esas señales podrá corregir a tiempo la situación.

Con las orquídeas también se cumple el viejo dicho de que es preferible prevenir que curar (ver recuadro de la página

> *Las hojas en forma de acordeón aparecen a consecuencia de un exceso de calor y un riego irregular.*

siguiente). Si cuida correctamente a sus orquídeas (ver págs. 20/21) será raro que lleguen a enfermar. Pero si de todos modos llegasen a sufrir algún daño, éstos suelen ser fáciles de subsanar con el tratamiento adecuado.

Daños en las raíces

Si las hojas cuelgan flácidas o las yemas amarillean, el origen del problema suele estar en las raíces. Causas:

➤ La planta ha sido regada en exceso y las raíces se están pudriendo. **Remedio:** Riéguelas más espaciadamente pero en abundancia, de modo que las raíces puedan secarse entre un riego y el siguiente.

➤ La planta ha sido regada muy poco durante mucho tiempo. El sustrato se ha deshidratado por completo y las raíces ya no pueden absorber el agua que se les suministra. **Remedio:** Riéguela con más frecuencia y a intervalos regulares. También puede sumergir la planta en agua para que el sustrato pueda volver a hidratarse por completo.

➤ La orquídea tiene mal aspecto a pesar de que se la riega correctamente (aproximadamente una vez a la semana). Es probable que no la haya trasplantado cuando le tocaba. El sustrato viejo se compacta y se acumulan las sales minerales. La raíces se retraen. **Remedio:** Trasplantarla inmediatamente.

➤ La concentración de abono es demasiado alta o demasiado baja. **Remedio:** El primer

>> **rápido y fácil**

SUGERENCIA

Residencia de veraneo para las orquídeas

➤ Si solamente va a ausentarse durante dos o tres semanas, riegue bien sus orquídeas y trasládelas a un cuarto de baño con ventana. Llene la bañera con un poco de agua y colóquelas en un soporte por encima de ésta. Así estarán en un lugar fresco, sin demasiada luz y con una buena humedad ambiental.

➤ Si va a estar ausente durante más tiempo tendrá que buscar a alguien que pueda regar cuidadosamente sus orquídeas una vez a la semana.

➤ En verano aleje a sus orquídeas de las ventanas y trasládelas un poco más hacia el interior de la habitación. Así estarán protegidas de la radiación solar directa.

4. Protección de las plantas
CÓMO EVITAR ERRORES DE CULTIVO

> Las raíces sanas las reconocemos por sus puntas verdes. Las raíces secas y marchitas son flácidas y de color marrón.

caso puede deberse a un exceso de dureza del agua. Haga analizar el agua que emplea para el riego. En el segundo caso, emplee inmediatamente un abono especial para orquídeas.
Si las puntas de las raíces están marrones o contraídas, el único modo de ayudar a la planta es trasplantándola de inmediato.
Luego deberá regarla con mucho cuidado hasta que las raíces se hayan recuperado por completo.

Hojas en forma de acordeón
Si la temperatura es demasiado alta y se reduce poco por la noche (ver pág. 9), las hojas de las orquídeas simpodiales pueden tomar lo que conocemos como «forma de acordeón». Se forman tallos torcidos cuyas hojas se doblan formando pliegues. **Remedio:** Colóque la planta durante dos meses ante una ventana más fría, así se recuperarán las hojas.

Pérdida de yemas
Cuando una orquídea se desprende de sus yemas, suele deberse a corrientes de aire, falta de aire fresco, temperaturas demasiado elevadas o a un ambiente demasiado seco. Cuando reciben poca luz también se amarillean las yemas y acaban cayendo. **Remedio:** Coloque la planta en un lugar más adecuado (ver pág. 8). No ponga nunca manzanos u otros frutales cerca de las orquídeas, ya que emanan unas hormonas que afectan a sus yemas y brotes haciendo que se desprendan.

Falta de floración
Las orquídeas tienen una fase de reposo y una fase de floración. Durante la fase de reposo necesitan menos agua y han de tener una temperatura algo más baja. Esta fase es imprescindible para estimular la floración de la planta. El momento y la duración de la fase de reposo varía mucho en función de la especie de la orquídea. Generalmente, la fase de reposo sigue a la de floración. Al comprar su orquídea es conveniente que se informe acerca de si necesita una fase de reposo, y cuándo.
➤ Si la fase de reposo es en verano, lo mejor será que cuelgue a la orquídea de un árbol que dé sombra a su jardín y la deje desde mediados de primavera hasta finales de verano/principios de otoño.
➤ Si tiene la fase de reposo en invierno, trasládela a una habitación algo más fresca. La temperatura nocturna deberá descender hasta 12-14 °C. ■

RECUERDE

Para evitar errores en su cuidado
✓ Antes de regar, compruebe si el sustrato realmente está seco.
✓ Riegue siempre con agua blanda o descalcificada.
✓ No abone en exceso.
✓ A las orquídeas les perjudican mucho las corrientes de aire.
✓ Respételes su necesaria fase de reposo. Durante ese tiempo hay que regarlas menos y mantenerlas en lugar algo más fresco.

Hongos, virus y bacterias

Si las orquídeas están bien cuidadas es raro que lleguen a enfermar. Pero si alguna vez llegasen a infectarse es posible acudir en su ayuda.

Además de cuidarlas correctamente, el mejor medio de prevenir posibles enfermedades es siguiendo las siguientes normas de higiene:

➤ Elimine inmediatamente las partes viejas o enfermas de la planta.

➤ Desinfecte a fondo el cuchillo o la tijera empleados para cortar las partes enfermas de la planta. De lo contrario trasmitirían la enfermedad a las otras plantas.

➤ Lávese bien las manos después de tocar a una planta enferma para evitar contagiar a las demás.

➤ Si una orquídea tiene un corte o una herida grande, desinféctelo con carbón activo para evitar que se infecte.

➤ Antes de volver a emplear una maceta usada, lávela bien con agua jabonosa hirviendo y luego aclárela con agua corriente.

➤ Traslade la planta enferma a un lugar aislado para que la infección no se propague a las demás.

Enfermedades producidas por hongos

Las enfermedades causadas por hongos solamente suelen aparecer en las plantas cultivadas en vitrinas, terrarios o ventanas para flores. Son lugares en los que el ambiente es muy húmedo y en los que no siempre circula bien el aire. El síntoma más frecuente suelen ser flores moteadas o la aparición de manchas marrones en las hojas y en los pseudobulbos. Los hongos también pueden atacar a las raíces y hacer que se pudran. Los géneros más sensibles son *Phalaenopsis*, *Cattleya* y los híbridos de *Odontoglossum*. Así es como puede prevenir y tratar las infecciones causadas por hongos:

➤ Asegúrese de que las plantas tengan una buena circulación de aire. Para ello puede utilizar ventiladores de los empleados en los ordenadores (ver pág. 15).

➤ Las flores húmedas son

➤ *Si se acumula agua entre las hojas, la planta puede empezar a pudrirse y generalmente es imposible salvarla.*

4. Protección de las plantas
HONGOS, VIRUS Y BACTERIAS

> *Si las flores no pueden secarse por la noche es frecuente que se vean atacadas por hongos. Por este motivo es preferible regarlas por la mañana.*

muy propensas a las micosis. Riegue o pulverice agua por la mañana para que las plantas puedan secarse antes de la noche.

➤ Elimine inmediatamente las partes de la planta atacadas por hongos.

➤ Si la infección es grave puede emplear antimicóticos específicos. Siga atentamente las instrucciones del producto. Pero esto sólo será efectivo si también elimina las causas del problema, como por ejemplo las deficiencias en la renovación del aire.

Enfermedades víricas

Cuando las flores se colorean a franjas y sus tépalos (pétalos y sépalos) se arrugan o presentan malformaciones, el origen suele estar en una infección vírica. La planta presenta anomalías en su crecimiento y en su floración. No sabemos cuáles son las causas de las infecciones causadas por virus.

Remedio: La única forma de evitar su aparición es cuidando a la planta lo mejor posible. En cuanto alguna parte de la orquídea se vea atacada por virus deberá desprenderse de toda la planta lo antes posible.

Infecciones bacterianas

Es muy raro que las orquídeas sufran una infección bacteriana. Las bacterias solamente suelen atacar a plantas que ya están debilitadas por una micosis o por animales parásitos. Las enfermedades de origen bacteriano se reconocen por la apariencia vidriosa de partes de los tejidos y su textura blanda («ampollas de grasa»).

Remedio: Separe a la planta de las demás y pinche las ampollas para que se sequen. Algunas orquídeas se recuperan bien, de lo contrario hay que deshacerse de ellas.

Recubrimiento pegajoso de las hojas

La aparición de gotas pegajosas en la cara inferior de las hojas es un claro síntoma de estrés. Su origen puede estar en una excesiva exposición al sol o a que por la noche la temperatura baja demasiado, o demasiado poco. Limpie las hojas para evitar que esta sustancia se convierta en un caldo de cultivo para hongos y traslade la planta a un lugar que le siente mejor. ■

RECUERDE

Medidas de emergencia

Si una orquídea está enferma ha de hacer inmediatamente lo siguiente:

✔ Aisle la planta enferma para que no pueda contagiar a las demás.

✔ Compruebe si había estado cuidando bien a su orquídea.

✔ Elimine las partes de la planta que estén afectadas.

✔ Desinfecte a fondo todos los utensilios y herramientas que hayan estado en contacto con la planta.

✔ En las infecciones por hongos de cierta gravedad se pueden aplicar antimicóticos.

✔ Si la planta está muy infectada será mejor que la sacrifique y se desprenda de ella para evitar que contagie a sus otras orquídeas.

Animales parásitos

Por suerte existen pocos animales que parasiten a las orquídeas. Si se los localiza a tiempo son fáciles de erradicar.
Examine periódicamente a sus orquídeas en busca de posibles parásitos. Así podrá intervenir a tiempo y le resultará más fácil eliminarlos. Lo primero que hay que hacer es aislar a la planta afectada. Este «periodo de cuarentena» evitará que los parásitos se propaguen a las otras plantas. La aparición de parásitos casi siempre se debe a mantener las plantas en un lugar demasiado caluroso y demasiado seco. Asegúreles una buena ventilación y una elevada humedad ambiental.

Cochinilla

La presencia de la cochinilla se reconoce por la aparición de unas pequeñas manchas marrones, generalmente en la cara inferior de las hojas. Bajo su escudo marrón y abultado ocultan un gran número de huevos y crías. Por lo tanto no hay que limitarse a eliminar los escudos por medios mecánicos, ya que así se esparcirían las crías y los huevos por toda la planta. **Remedio:** Limpie los parásitos con una solución de agua jabonosa tibia o toque cada escudo con un palito de algodón empapado en aceite de oliva. Esto les tapona las vías respiratorias y acaba con ellos. Si están afectadas las flores será necesario cortar todo el tallo floral. Al trasplantar las orquídeas, elimine cuidadosamente las hojas secas que protegen a los bulbos, ya que son uno de los refugios favoritos de la cochinilla.

Cochinilla algodonosa

El cochinilla algodonosa es un insecto blanquecino que se recubre de una sustancia lanosa cérea. Suele situarse en las inserciones y axilas de las hojas. **Remedio:** Puede mojarlos con una gotita de aceite de oliva, pero lo más seguro es emplear un insecticida. Lo más práctico es emplear productos que no haya que mezclar ni diluir, ya que así se evita entrar en contacto con

> *A los pulgones les gusta estar en las flores. Aparecen principalmente en primavera.*

> *La cochinilla es fácil de combatir si se la detecta a tiempo.*

30

4. Protección de las plantas
ANIMALES PARÁSITOS

el insecticida. Los pulverizadores son muy fáciles de usar. Aplique el producto solamente sobre las partes afectadas, y no sobre toda la planta, ya que también bloquea las aberturas respiratorias de la orquídea y podría llegar a matarla. Si la planta esta muy infestada, lo mejor es sacarla de la maceta, lavarla bajo el grifo para eliminar los parásitos y volver a plantarla. Si después de esto vuelve a encontrar parásitos, aplíqueles inmediatamente el insecticida.

Pulgones

Los pulgones verdes o negros de las hojas suelen aparecer en primavera. **Remedio:** Elimínelos con un paño. Si hay muchos, emplee un insecticida. Si aparecen pulgones con frecuencia deberá cambiar de productos ya que se hacen resistentes a ellos con gran facilidad.

Araña roja

La presencia de la araña roja se reconoce porque la cara inferior de las hojas adquiere un color plateado. Si la infestación es grave se aprecia una fina telaraña. Con una lupa podrá ver unos diminutos ácaros de color rojo. **Remedio:** Aumente la humedad re-

Al cochinilla algodonosa le gustan los escondrijos. Por esto es tan importante examinar las plantas detenidamente.

lativa del aire (ver pág. 14). En los casos graves es necesario emplear un acaricida.

Trips

Las hojas de las orquídeas infestadas por trips están salpicadas de puntitos plateados. Estos pequeños insectos miden un milímetro y pueden volar, por lo que son difíciles de combatir. **Remedio:** Tratar la orquídea con insecticidas lo antes posible. ■

RECUERDE

Cómo reconocer los parásitos

Si aprende a reconocer rápidamente los síntomas de las infestaciones parasitarias, podrá tratar antes a sus orquídeas.

✔ **Cochinilla:** Manchas marrones y abultadas en la cara inferior de las hojas.

✔ **Cochinilla algodonosa:** Insectos blanquecinos con un recubrimiento algodonoso y céreo.

✔ **Pulgones de las hojas:** Pequeños insectos de color verde o negro

✔ **Araña roja:** Parte inferior de las hojas de color plateado.

✔ **Trips:** Manchas plateadas en la cara inferior de las hojas.

>> especial fiestas

Fiesta tropical con orquídeas

El suave rumor del mar, un aire cálido y aromas exóticos. ¿A quién no le apetece una fiesta de ambiente tropical?

Es igual que organice la fiesta en el jardín o dentro de casa; las orquídeas crearán un ambiente mágico y harán que durante un par de horas sus invitados se olviden del frío invernal o de los grises días de lluvia.

Las orquídeas son ideales para decorar: existe una orquídea del color adecuado para acompañar a cada bebida. En el bufet, las hermosas *Phalaenopsis* y similares combinan perfectamente con los platos exóticos y los manjares propios del Caribe o del sudeste asiático.

La clave son las bebidas refrescantes con vainilla: esa orquídea de flores de color verde amarillento y largas cápsulas marrones hace siglos que fascina a los gourmets de todo el mundo. Es originaria de México, pero actualmente se la cultiva en muchos países tropicales.

Para la decoración emplee solamente orquídeas que hayan florecido por completo. Se conservan durante más tiempo por que no tienen que invertir energía en la floración. Actualmente se pueden adquirir orquídeas cortadas durante todo el año. Las flores de *Aranda, Cymbidium, Dendrobium* y *Phalaenopsis* aguantan hasta la más larga de las fiestas. Colóquelas en tubos de plástico o de vidrio (los venden en las floristerías): así podrá darle una flor de orquídea a cada invitado como regalo de despedida.

La vainilla es la única orquídea que está considerada como planta útil, sus flores son de un discreto color verde amarillento y surgen entre un denso grupo de hojas.

Sus cápsulas alargadas fermentan para producir un aroma en el que intervienen 30 sustancias.

La decoración a base de orquídeas hace que cualquier bufet se convierta en una fiesta tropical. Las flores duran mucho y, colocadas en un tubito de vidrio, son un bonito obsequio para los invitados.

Tanto en postres como en salsas o en batidos, nadie puede resistirse al aroma de la vainilla.

Cómo dividir las orquídeas

Las orquídeas siempre dan ganas de tener más: usted puede multiplicar fácilmente las suyas para usted mismo o para regalarlas.

Lo más fácil es reproducir las orquídeas por la vía asexual, es decir, por partición. Según las especies esto puede hacerse de diversos modos: por división de toda la planta, por estolones o por esquejes.

Multiplicación por división

Las orquídeas simpodiales (ver pág. 6) se pueden multiplicar muy fácilmente por división. Si al cabo de un par de años ya han crecido demasiado como para seguir estando en la repisa de la ventana, lo mejor es aprovechar el momento del trasplante.

➤ Suelte la planta de la maceta y elimine los restos de sustrato de sus raíces. Muchas veces, las plantas grandes se separan en trozos por sí mismas.

➤ Elimine los bulbos viejos o muertos. Son pequeños, arrugados y en parte carecen de hojas.

➤ Corte el rizoma entre los bulbos con un cuchillo afilado y previamente desinfectado con una llama.

Corte la planta de modo que siempre queden juntos por lo menos tres bulbos y un brote nuevo.

➤ Espolvoree los cortes con carbón activo en polvo. Las heridas se secarán antes y no podrán penetrar agentes patógenos.

➤ Plante las nuevas plantas lo antes posible (ver pág. 22). Este tipo de división no se puede aplicar bien a las orquídeas monopodiales, ya que éstas no generan más que un solo tallo. Y si producen brotes laterales suelen estar tan próximos entre sí que al cortarlos se dañan irremediablemente y ambas partes de la planta acaban muriendo.

Plantas hijas

Algunas orquídeas monopodiales producen racimos de pequeñas plantas hijas con hojas y raíces. Esta producción de plantas hijas depende mucho de las especies y se presenta principalmente en algunas especies e híbridos de los géneros *Dendrobium* y *Phalaenopsis*. En estas orquídeas se puede estimular la producción de plantas hijas a base de proporcionarles abonos muy nitrogenados y elevarles la temperatura. Pero entonces disminuye su floración.

➤ Una vez se haya formado una planta hija, envuélvale las raíces con musgo y sujételo con un cordel.

➤ Pulverice agua frecuentemente sobre el musgo y las raíces así como la planta hija

➤ *Las orquídeas no divididas tienen una floración más densa, como esta* Miltonia Red Tide.

5. Multiplicación
CÓMO DIVIDIR LAS ORQUÍDEAS

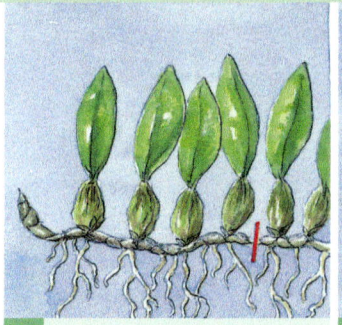

▶ 1 División
La nueva planta deberá estar formada por lo menos por tres bulbos y un nuevo brote. Así crecerán más fácilmente porque dispondrán de muchas raíces.

▶ 2 Plantas hijas
La planta hija con raíces hay que cortarla junto con parte del estolón, pero no se debe romper con los dedos. Separe las plantas hijas después de la floración de la planta madre.

▶ 3 Esquejes de tallo
Los esquejes de tallo también es necesario que tengan raíces. Después de cortar el esqueje elimine las hojas inferiores, ya que de lo contrario se pudrirían en la tierra.

y la madre. Pero asegúrese de que el musgo nunca esté demasiado mojado.
➤ Cuando la planta hija haya crecido y ya haya desarrollado raíces, córtela junto con un trozo del estolón.
➤ Espolvoree carbón activo en polvo sobre las zonas de corte y plante la orquídea en una maceta lo más pequeña posible. Riéguela solamente por la mañana para que el sustrato pueda secarse antes de la noche.
➤ Si la coloca en un lugar cálido y húmedo, la planta hija crecerá rápidamente y puede llegar a florecer al cabo de unos seis meses.
Pero también puede dejar a las plantas hijas unidas a la planta madre: producen un efecto muy decorativo cuando todas florecen a la vez. Pero para ello es necesario mantenerlas en un lugar con una humedad relativa del aire del 70-80 %.

Esquejes de tallo
Algunas orquídeas monopodiales también podemos multiplicarlas por esquejes. Sobre todo las especies trepadoras de los géneros *Angraecum* y *Epidendrum*, pero también la vainilla. Corte un trozo de tallo por debajo de las raíces aéreas y plántelo. Asegúrese de que cada esqueje posea raíces y hojas.

INFORMACIÓN PRÁCTICA

Para multiplicar sus plantas necesitará:

🕐 **Tiempo:**
Unos 45 minutos por planta.

Material:
✗ sustrato especial para orquídeas.
✗ macetas pequeñas para fragmentos de plantas, plantas hijas o esquejes.
✗ carbón activo en polvo para espolvorear las zonas de corte.

Herramientas:
✗ Un cuchillo o una tijera esterilizada con una llama.

Cómo se reproducen las orquídeas

Actualmente las orquídeas ya no se recolectan en sus lugares de origen, sino que se las reproduce en laboratorios, lo cual contribuye a preservar las poblaciones silvestres.

El hecho de que actualmente dispongamos de una gran cantidad de especies y variedades a precios muy moderados se debe a las modernas técnicas empleadas para conseguir su reproducción.

Reproducción meristemática

Al adquirir orquídeas se topará frecuentemente con los términos «reproducción meristemática» o «reproducción por tejidos». Este tipo de reproducción asexual es actualmente el más empleado en los viveros de orquídeas. A las plantas madre se las coloca bajo el microscopio y se les extraen células que aún no se hayan especializado. A éstas se las coloca en un medio de cultivo para que empiecen a dividirse. Finalmente se obtienen plantas completas que son idénticas tanto a la planta madre como entre sí. De este modo, en un tiempo relativamente corto es posible obtener miles de jóvenes orquídeas idénticas (clones) a partir de una única planta madre.

Reproducción natural

En la naturaleza, las orquídeas se reproducen por semillas. Este método, al contrario de los que hemos ido viendo hasta ahora, es una forma de reproducción sexual. Es decir, implica la combinación de la carga genética de dos orquídeas. Así se pueden obtener nuevas formas y variedades.

Las semillas de las orquídeas son extraordinariamente pequeñas ya que no poseen tejidos de reserva que puedan proporcionar nutrientes a la plántula en el momento de germinar. En una cápsula seminal pueden haber millones de minúsculas semillas. En la naturaleza, estas semillas so-

La *Ascocenda* Princess Mikasa florece varias veces al año. Pertenece al grupo Vandeen.

Para ahorrar

Intercambio de orquídeas >> rápido y fácil

Si a usted se le despierta el instinto de coleccionista, hay algunas posibilidades de conseguir nuevas especies y variedades de orquídeas a precios muy razonables:

- Actualmente encontramos en Internet varias bolsas de intercambio en las que los aficionados a las orquídeas pueden cambiar sus plantas. Una de las más conocidas es: www.orchideenforum.de.
- Existen clubs y asociaciones de aficionados a las orquídeas que publican boletines con anuncios de compra/venta/intercambio.

5. Multiplicación
CÓMO SE REPRODUCEN LAS ORQUÍDEAS

Actualmente las orquídeas ya no nos llegan de la selva sino del laboratorio.

lamente pueden germinar gracias a la acción de un hongo específico (micorriza) que las ayuda a germinar y que luego aporta nutrientes a las jóvenes plantitas.

En los viveros profesionales se hacen germinar las semillas en un medio nutritivo artificial. Pero esto tiene que realizarse en un laboratorio y en condiciones de absoluta esterilidad, ya que el medio de cultivo es muy rico en azúcares y podría contaminarse fácilmente con hongos y bacterias.

Para practicar este tipo de reproducción hay que tener mucha paciencia: las semillas de las orquídeas tardan de tres a nueve meses en germinar, y no dan lugar a plantitas jóvenes hasta al cabo de uno y medio a tres años. Y todavía deberán pasar de dos a cuatro años más antes de que florezcan por primera vez.

Cultivo de orquídeas y protección de la naturaleza

Antiguamente se recolectaban miles de orquídeas en los bosques tropicales para enviarlas a Europa. Este expolio de la naturaleza hizo que algunas especies llegasen a estar al borde de la extinción. Para protegerlas, en el año 1972 se incluyeron todas las orquídeas en el Convenio de Washington para la Protección de las Especies. Esto significa que solamente podrán cruzar las fronteras de la Comunidad Europea si van acompañadas de su documentación legal (CITES), y esto se aplica también a las orquídeas silvestres de Europa.

Gracias a los modernos métodos de cultivo, ya no se importan orquídeas silvestres. Su reproducción en laboratorio no sólo ayuda a proteger las especies sino que estimula dicha protección. Y esto tiene también otra ventaja: las plantas reproducidas en viveros se adaptan mucho mejor a nuestros cultivos y son mucho más fáciles de cuidar.

INFORMACIÓN PRÁCTICA

Orquídeas cultivadas

Adquiera solamente orquídeas que hayan nacido en viveros. Así ayudará a proteger las poblaciones naturales de estas plantas.

✗ La reproducción por meristemas se realiza en laboratorio y permite obtener miles de plantas hijas idénticas a partir de una única planta madre.

✗ La reproducción sexual, es decir, por semillas, es el único modo de obtener nuevas variedades a partir de orquídeas conocidas.

✗ Las bolsas de intercambio de Internet le permitirán ampliar su colección de orquídeas sin efectuar un gran desembolso económico.

Descripción de especies

Phalaenopsis	Páginas	40-41
Paphiopedilum	Páginas	42-43
Grupo *Cattleya*	Páginas	44-45
Grupo *Odontoglossum*	Páginas	46-47
Dendrobium	Páginas	48-49
Tablas de plantas	Páginas	50-55

Phalaenopsis

Las orquídeas del género *Phalaenopsis* son las más populares de todas. Florecen dos o tres veces al año, algunas incluso durante todo el año, y son especialmente fáciles de cuidar. Sus flores suelen ser blancas, rojas o blancas con el labelo rojo. Actualmente también existen variedades artificiales amarillas y con dibujos. Lo más importante para su cuidado es tener en cuenta que la temperatura nocturna deberá ser más baja que la diurna. Pero en la mayoría de las viviendas esto no supone ningún problema ya que la calefacción central suele graduarse para que la temperatura descienda por la noche. En el caso de que una *Phalaenopsis* llevase todo un año sin florecer sería necesario trasladarla y colocarla durante uno o dos meses ante una ventana con la temperatura algo más baja (unos 15 °C). Después de esto la planta florecerá de nuevo.

Válido para todas las orquídeas del género *Phalaenopsis*: Después de que se abra la última flor hay que cortar el racimo por encima de un engrosamiento del mismo. De este modo se estimula su crecimiento y no tardará en volver a florecer. Lo mejor es cortar el racimo por encima de la tercera yema contando desde su base, así el nuevo no será demasiado largo. Si no corta el racimo, seguirá creciendo a partir de su extremo. Deje que lo haga una vez y luego córtelo después de la segunda floración como hemos indicado anteriormente. De lo contrario, la planta producirá menos flores. Es raro que en los racimos de flores aparezcan pequeñas hojas protectoras a la altura de las yemas. No tienen mayor importancia, pero hay que controlarlas periódicamente ya que son un buen escondrijo para la cochinilla y la cochinilla algodonosa. Algunas variedades producen plantas hijas que pueden separarse para obtener nuevas plantas (ver pág. 34).

Los cruzamientos con el género *Doritis* reciben el nombre de *Doritaenopsis*. Se reconocen fácilmente por sus racimos florales verticales.

Phalaenopsis equestris

Altura: 20-30 cm
Floración: Puede florecer durante todo el año
Forma natural de *Phalaenopsis*

➤ **densa y con muchas flores**

Flores: De 2-4 cm, generalmente de color rosa, a veces también rojo rosado con labelo rojo; duración de las flores: de tres a cuatro meses.
Ubicación: Lugar cálido y con buena luz.
Cuidados: Cultivo en maceta o sobre sustrato duro, le convienen los baños por inmersión, sensible a la retención de humedad; no cortar el racimo floral ya que suele seguir floreciendo en el extremo; vigilar la posible presencia de cochinilla y cochinilla algodonosa.
Otros datos: Planta pequeña; hojas alargadas de color verde claro; produce plantas hijas. Las flores de la variedad silvestre son menores que las de las plantas cultivadas, pero por lo menos igual de bonitas.

 fácil de cuidar   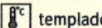 fresco   templado   cálido

Las 20 especies más importantes
PHALAENOPSIS

Phalaenopsis Ever-Spring Light

Altura: 40-60 cm
Floración: Durante todo el año
Nueva variedad artificial

▶ dibujo muy atractivo ✿

Flores: Muy compactas y con manchas grandes e irregulares, todas tienen dibujos distintos; generalmente hay de cuatro a sei s en un sólo racimo; duración de las flores: de tres a cuatro meses.
Ubicación: Lugar cálido y con buena luz.
Cuidados: Es preferible cultivarla en maceta, necesita baños por inmersión, cortar el racimo floral, florece en el nuevo racimo; vigilar la posible presencia de cochinilla y cochinilla algodonosa.
Otros datos: Existen variedades en que las flores tienen manchas de color rojo anaranjado o son blancas con puntos negros. Las nuevas variedades son aromáticas.

Phalaenopsis Professor Rubinia × venosa

Altura: 20-30 cm
Floración: Puede florecer durante todo el año
Phalaenopsis de flores pequeñas

▶ florece con gran facilidad ✿

Flores: 4-5 cm, dibujo muy atractivo, de cuatro a cinco flores por racimo, varios racimos; duración de las flores: dos meses.
Ubicación: Lugar cálido y con buena luz.
Cuidados: Generalmente se cultiva en macetas, pero también es posible hacerlo sobre sustrato duro; no cortar los racimos, vuelven a brotar a partir del viejo; algo propensa a la cochinilla y cochinilla algodonosa.
Otros datos: Planta pequeña, hojas ornamentales. Las *Phalaenopsis* de flores pequeñas son especialmente atractivas, producen hasta más de 20 flores.

Phalaenopsis Taipei Gold

Altura: 50-80 cm
Floración: Durante todo el año
Phalaenopsis de flores grandes

▶ orquídea resistente y
que florece en abundancia ✿

Flores: Resistentes, céreas, de 4-6 cm, redondas, generalmente reunidas en grupos de seis a ocho en un mismo racimo, racimos uniformes, suelen producir varios racimos al mismo tiempo; duración de las flores: tres meses.
Ubicación: Mantener todo el año en un lugar cálido y con buena luz.
Cuidados: Es preferible cultivarla en maceta, aunque también se puede emplear sustrato duro; le c onviene un baño por inmers ión de vez en cuando; cortar los racimos que ya hayan florecido.
Otros datos: Es uno de los híbridos de *Phalaenopsis* más fáciles de cuidar; hojas grandes, anchas y de color verde oscuro.

 periodo de reposo   monopodial   simpodial

Paphiopedilum

Los aficionados avanzados siguen considerándolas como las reinas de las orquídeas, y los principiantes tampoco pueden escapar a su gran encanto. Se las reconoce fácilmente por tener el labelo en forma de zapato: actúa como una especie de trampa para moscas en la que caen los insectos que acuden en busca del néctar y del que sólo pueden salir por un lugar concreto. El camino de salida obliga a los insectos a pasar junto a los estambres de la flor, con lo cual se impregnan de polen y se lo llevan hasta la siguiente flor para fecundarla sin que se pueda producir una autofecundación.

Podemos encontrar orquídeas con forma de zapato por todo el mundo. Las especies asiáticas pertenecen al género *Paphiopedilum*, las sudamericanas al *Phragmipedium*, las africanas al *Selenipedium*, y las del hemisferio norte son del género *Cypripedium* (zueco, zapatito de reina).

Todas ellas son especies terrestres, es decir, arraigan en el suelo y no son plantas epífitas. Por este motivo carecen de raíces aéreas y las que presentan poseen unas finas pilosidades que les permiten absorber mejor el agua del suelo. Necesitan un sustrato algo más fino que las otras orquídeas ya que si no, sus raíces tienden a secarse con facilidad. Asegúrese de que el sustrato de estas orquídeas se seque entre riegos, pero sin llegar a deshidratarse del todo. Si no desea trasplantar periódicamente sus orquídeas del género *Paphiopedilum* deberá espolvorear anualmente su sustrato con carbonato cálcico y regar a continuación para elevar el pH. Estas orquídeas necesitan una fase de reposo, pero no de sequía, es decir, que durante ese tiempo hay que seguir regándolas. Prosperan mejor si no están sometidas a oscilaciones de temperatura demasiado acusadas.

Paphiopedilum Actaeus

Altura: 20-30 cm
Floración: Durante el invierno
Orquídea para lugares fríos

➤ **crecimiento denso y robusto** ✿

Flores: Produce muchos tallos, lo que le proporciona un aspecto arbustivo; solamente una flor de 10-14 cm por tallo; duración de las flores: dos meses.
Ubicación: Lugar fresco y preferiblemente algo sombrío.
Cuidados: Cultivo en maceta; necesita una maceta grande y con un buen drenaje; también necesita un ambiente fresco en verano, por lo que es conveniente trasladarla al jardín; fase de reposo inmediatamente después de la floración, hay que seguir regándola, pero menos de lo habitual.
Otros datos: Hojas alargadas, delgadas y coriáceas; es una variedad artificial muy apreciada.

Las 20 especies más importantes
PAPHIOPEDILUM

Paphiopedilum Ambiente

Altura: 20-30 cm
Floración: De mediados de otoño a finales de primavera
Orquídea de flores únicas

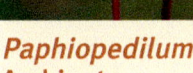

➤ **florece con seguridad, crecimiento denso**

Flores: En general produce una única y elegante flor en un tallo floral; labelo azul en forma de zapato, estandarte rayado; puede producir flores de un solo color y casi negras; duración de las flores: de dos a tres meses.
Ubicación: Lugar templado y preferiblemente sombrío; durante la floración también puede estar en un lugar más cálido.
Cuidados: Solo se cultiva en macetas, es preferible emplear una pequeña y regarla periódicamente por inmersión; mantenerla húmeda durante la fase de crecimiento (de primavera a otoño).
Otros datos: Existen variedades de muchos colores.

Paphiopedilum Berenice

Altura: 40-80 cm
Floración: Durante la primavera
Floración múltiple

➤ **orquídea elegante y de crecimiento lento**

Flores: Hasta cinco por tallo, unos 15 cm, pétalos girados de color violeta intenso; duración de las flores: de dos a tres meses.
Ubicación: Lugar templado a cálido, preferiblemente sombrío.
Cuidados: Se cultiva solamente en macetas; cortar el racimo cuando se haya abierto la última flor; le conviene el riego por inmersión, mantener una humedad uniforme.
Otros datos: Desde que se siembra la semilla hasta que la planta florece pasan unos diez años. Planta relativamente cara. Actualmente existen variedades artificiales muy atractivas.

Paphiopedilum Blendia

Altura: 30-40 cm
Floración: De mediados de otoño a finales de primavera
Flores de gran tamaño en forma de zapato

➤ **atractiva y con grande flores**

Flores: 15-20 cm, de una belleza casi irreal, estandarte moteado, una sola flor por tallo, generalmente florecen uno o dos tallos; duración de las flores: tres meses.
Ubicación: Lugar templado y preferiblemente sombrío.
Cuidados: Cultivo en maceta, mantener una humedad uniforme; en verano puede estar en el jardín; también puede estar en lugares cálidos, no le es imprescindible la fase de reposo.
Otros datos: Planta grande con hojas anchas y resistentes.

 periodo de reposo monopodial simpodial

Grupo *Cattleya*

Su flor tiene la forma típica de las orquídeas tropicales, por lo que estas plantas son unas de las más conocidas. El grupo *Cattleya* es uno de los grupos con mayor número de géneros y especies. Además se ha conseguido reunir hasta siete géneros en una misma hibridación, y existe un enorme número de hibridaciones de varios géneros. Entre los géneros que más se hibridan encontramos a *Brassavola, Broughtonia, Encyclia. Epidendrum, Laelia* y *Sophronitis*. A partir de ellos se obtienen géneros híbridos tales como *Brassolaeliocattleya, Epicattleya, Hawkinsara, Laeliocattleya, Potinara, Sophrolaeliocattleya* y muchos más. El propósito de estas hibridaciones era conseguir flores de mayor tamaño. A principios del siglo XIX los nobles ingleses eran los principales compradores y coleccionistas de orquídeas. En sus mansiones disponían de mucho espacio para ellas y no les importaba tener plantas enormes con flores de hasta 30 cm. Sin embargo, en los últimos 30 o 40 años se ha realizado una reproducción selectiva para conseguir que las orquídeas quepan en cualquier repisa de ventana y que sean fáciles de cuidar.

Todas las orquídeas del género *Cattleya* son plantas epífitas de hoja perenne y con bulbos de formas muy diversas. Son originarias de América del Sur. Se las puede cultivar tanto en maceta como ligadas a un sustrato duro. Soportan más luz que las demás orquídeas, pero no el sol directo de mediodía. El sustrato deberá permitir una buena ventilación, por lo que si se emplea tierra normal para orquídeas será conveniente mezclarla con corteza triturada u otro material grueso. En todas las variedades es importante controlar periódicamente la posible presencia de cochinilla algodonosa y cochinilla, ya que estos parásitos suelen ocultarse entre las hojas muertas que envuelven a los bulbos. Dado que cuando no tienen flores no son muy atractivas, en verano se las puede colgar en un rincón sombrío del jardín. Los bulbos colgantes es preferible atarlos con un trozo de media de nylon para evitar que la planta sea demasiado voluminosa.

Brassolaeliocattleya Emi Hoshino × **Laelia dayana**

Altura: 40-60 cm
Floración: Durante la primavera
Cattleya de flores grandes

➤ flores de gran tamaño ✿

Flores: De una a tres flores de 15-20 cm de diámetro por t allo, tépalos rizados, labelo más oscuro que los demás tépalos, aromática; duración de las flores: de cuatro a seis semanas.
Ubicación: Lugar templado y con buena luz.
Cuidados: Cultivo en m acetas; su gran tamaño hace que sea mejor no sujetarla a su stratos duros; mantener en seco durante el invierno, regar más en primavera; le conviene el riego por inmersión; en verano puede estar al aire libre; se divide fácilmente, al trasplantarla hay que colocar el tallo más viejo junto al borde de la maceta.
Otros datos: Crecimiento muy expansivo.

✿ fácil de cuidar   🌡 fresco   🌡 templado   🌡 cálido

Las 20 especies más importantes
GRUPO *CATTLEYA*

Cattleya intermedia
Variedad Orlata

Altura: 40-50 cm
Floración: De finales de invierno a finales de primavera
Especie natural

➤ coloración intensa ✿

Flores: Redondas, con un labelo ondulado y de color rojo violáceo intenso, muchos tallos; duración de las flores: de cuatro a seis semanas.
Ubicación: Lugar templado y con buena luz.
Cuidados: Cultivo en macetas, su tamaño hace que no sea recomendable ligarla a un sustrato duro; mantener relativamente seca en invierno, regar más en primavera, puede estar en el jardín durante el verano; las plantas grandes se pueden dividir bien. Al adquirirla pregunte acerca de su fase de reposo.
Otros datos: Planta muy frondosa. Floración abundante.

Laeliocattleya
Ronja

Altura: 40-60 cm
Floración: De finales de invierno a finales de primavera
Híbrido de *Cattleya* y *Laelia*

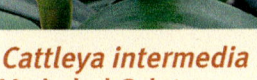

➤ floración abundante ✿

Flores: Tépalos de color marrón brillante, labelo rojo, cuello amarillo, de seis a diez flores en el extremo del racimo, florecen varios tallos; duración de las flores: de cuatro a seis semanas.
Ubicación: Lugar templado y con buena luz.
Cuidados: Cultivo en macetas, su tamaño hace que no sea recomendable ligarla a un sustrato duro; en verano se la puede tener en el exterior; en invierno hay que mantenerla relativamente seca, en primavera hay que volver a incrementar la intensidad del riego a medida que aumentan las horas de luz.
Otros datos: Crecimiento muy vertical hasta alcanzar los 60 cm de altura.

Potinara
Philipp Ossa

Altura: 20-30 cm
Floración: De mediados de otoño a finales de primavera
Mini *Cattleya*

➤ pequeña con muchas flores ✿

Flores: Dos o tres flores de 3-5 cm por cada tallo; duración de las flores: de seis a ocho semanas.
Ubicación: Lugar templado y con buena luz.
Cuidados: Cultivo en maceta o sobre sustrato duro; mantener relativamente seca durante el invierno ya que en esa época no genera raíces y necesita poca agua; volver a regar en abundancia cuando llegue la primavera.
Otros datos: Planta compacta y de crecimiento reducido, bulbos alargados, delgados y muy próximos entre sí. Los cultivadores intentan conseguir plantas que florezcan más de dos veces al año.

✿ periodo de reposo 🌱 monopodial 🌿 simpodial

Grupo *Odontoglossum*

Este grupo incluye a todos aquellos géneros que se pueden hibridar con *Odontoglossum*. Todos ellos poseen las siguientes características comunes:
➤ Son originarios de América del Sur.
➤ Su desarrollo es simpodial, suelen tener bulbos y sus hojas son delgadas.
➤ Sus raíces son numerosas y relativamente finas.
➤ Necesitan un lugar fresco o templado y con un notable descenso nocturno de la temperatura.
➤ Si están en un ambiente demasiado cálido, producen hojas en forma de acordeón y muchos tallos estériles.
➤ En verano se las puede mantener relativamente húmedas, pero en invierno han de estar en un medio seco.
Las especies puras no son fáciles de cultivar, pero existen todo tipo de híbridos ideales como plantas de interior y que pueden florecer durante todo el año, aunque lo normal es que lo hagan solamente una vez en primavera o en otoño.

Sus flores están salpicadas de puntos, presentan manchas muy bonitas o están ornamentadas con hermosos dibujos. Las orquídeas de este grupo necesitan una fase de reposo. A mediados de primavera, después de la floración, puede colocarlas bajo la sombra de algún árbol de su jardín. Pero no se olvide de regarlas, o de volver a entrarlas en casa si lloviese durante muchos días seguidos. Los balcones y terrazas no suelen ser lugares muy adecuados, ya que generalmente están orientados hacia el sur y la radiación solar directa hace que sean lugares demasiado secos y calurosos. Cuando entre las orquídeas en casa en otoño, examínelas a fondo en busca de insectos, ya que a éstos les encanta esconderse en las macetas.
Si usted no dispone de jardín, deje las plantas de finales de otoño a mediados de invierno en una habitación más fría, tanto si han florecido en primavera como si lo han hecho en otoño. También puede colocarlas en una galería, siempre que la temperatura nocturna no baje de los 10 °C y la diurna no supere los 30 °C.

**Burrageara
Nelly Isler**

Altura: 30-50 cm
Floración: Puede florecer durante todo el año
Orquídea *Cambria*

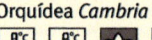

➤ colorido muy intenso

Flores: Color rojo oscuro, 8-10 cm con un labelo muy grande, uno o dos racimos con seis a diez flores; duración de las flores: de seis a ocho semanas.
Ubicación: Lugar fresco a templado, buena luz.
Cuidados: Cultivo en macetas, demasiado grande para ligarla a sustratos duros, se parte fácilmente, en verano puede estar en el exterior.
Otros datos: Del mismo modo se pueden cuidar otros híbridos obtenidos a partir de *Odontoglossum*, como por ejemplo *Wilsonara, Odontocidium, Odontioda* o *Beallara*.

Las 20 especies más importantes
GRUPO ODONTOGLOSSUM

Miltonia Augres

Altura: 30-50 cm
Floración: Puede florecer durante todo el año
Sus flores se parecen a las violetas

➤ floración abundante ✿

Flores: De cuatro a seis flores de 10-15 cm por tallo; flores en tonos intensos de rosa o rojo con un bonito dibujo y el centro de un vistoso color rojo oscuro, suele producir varios racimos; duración de las flores: de seis a ocho semanas.
Ubicación: Lugar fresco a templado, preferiblemente con sombra.
Cuidados: Cultivo en maceta, no es adecuada para sustratos duros; se corta con facilidad; en verano se la puede dejar en el exterior.
Otros datos: Hojas de color verde grisáceo, proporciones muy agradables, ni demasiado alta ni demasiado ancha.

Odontioda Lavender Lace × Aviewood

Altura: 50-70 cm
Floración: De mediados de otoño a finales de primavera
Grupo *Odontoglossum*

➤ flores de colores alegres, floración abundante ✿

Flores: Redondas, de 6-8 cm, uniformes a lo largo de un racimo recto, de seis a ocho flores por racimo, ligeramente aromáticas; duración de las flores: de seis a ocho semanas.
Ubicación: Lugar fresco a templado, con buena luz.
Cuidados: Cultivo en macetas, demasiado grande para sujetarla a un sustrato duro; cortar el racimo después de la floración; puede estar en el exterior durante el verano, pero no toleran los veranos con noches calurosas (luego necesitan recuperarse).
Otros datos: Bulbos redondeados y fuertes, hojas largas u estrechas.

Oncidium Aloha Iwanaga

Altura: 40-60 cm
Floración: De finales de invierno a finales de primavera
Típico ejemplo del género *Oncidium*

➤ muy ramificada y con floración abundante ✿

Flores: 3-8 cm, labelo amarillo muy destacado, el resto de los tépalos son de color marrón o rojizo, ligeramente aromáticas; duración de las flores: de seis a ocho semanas.
Ubicación: Lugar fresco a templado, con buena luz.
Cuidados: Ideal para sujetarla a sustratos duros. Se puede cultivar en macetas, pero es necesario trasplantarla y dividirla periódicamente. Las demasiado viejas son difíciles de trasplantar porque producen muchas raíces aéreas que luego no se transforman en raíces terrestres. Necesitan una fase de reposo y un descenso de la temperatura por la noche.

✿ periodo de reposo   🌱 monopodial   simpodial

Dendrobium

Es el género más amplio de todos. Abarca más de 1.600 especies de orquídeas, muchas de las cuales se cultivan intensamente como plantas de interior y cada vez son más fáciles de cuidar. Muchas especies son ideales para las galerías, ya que toleran considerables oscilaciones térmicas y soportan bien que la temperatura baje mucho en las noches de invierno, siempre y cuando el ambiente sea lo suficientemente cálido durante el día y se alcancen los 18-20 °C.

Todas estas especies son originarias del sudeste asiático y su área de distribución se extiende desde Thailandia e Indonesia hasta Australia pasando por Papua-Nueva Guinea. Presentan una gran variedad de formas, pero todas sus flores poseen un espolón orientado hacia atrás. Las flores, de un colorido muy intenso, pueden estar agrupadas en racimos colgantes o en racimos verticales con flores redondas o giradas.

El tamaño de la planta también varía mucho según las especies: va desde pocos milímetros hasta los dos metros.

Las orquídeas de este grupo presentan exigencias muy diversas: algunas necesitan un periodo seco de reposo durante el cual incluso se desprenden de sus hojas, mientras que otras no lo necesitan en absoluto. Cuando vaya a comprar una de estas plantas pídale asesoramiento al vendedor. Por desgracia, estas orquídeas son muy propensas a sufrir infestaciones de araña roja. La mejor manera de prevenirlo consiste es pulverizarles agua con frecuencia y proporcionarles un ambiente muy húmedo.

No las plante nunca en macetas demasiado grandes, sino en unas que sean relativamente pequeñas. Pero entonces tendrá que regarlas con bastante más frecuencia ya que consumen mucha agua. La mayoría de las *Dendrobium* son bastante altas, por lo que habrá que colocar algunos cantos rodados en el fondo la maceta para evitar que ésta se vuelque. También servirán como capa de drenaje. Las *Dendrobium* y los híbridos *Dendrobium-Phalaenopsis* se suelen vender también como flor cortada.

Dendrobium Jaquelyn Concert

Altura: 50-70 cm
Floración: Puede florecer durante todo el año
Híb. de *Dendrobium-Phalaenopsis*

> grande y vertical

Flores: 5-7 cm, azules, de seis a diez flores por racimo; duración de las flores: de dos a tres meses.
Ubicación: Lugar cálido y con buena luz.
Cuidados: Cultivo en maceta; hay que cortar los racimos después de la floración. En la maceta hay que colocar una capa de drenaje a base de cantos rodados pesados para que mantenga su equilibrio cuando la planta crezca en altura.
Otros datos: Necesita mucha humedad, pulverizar agua con frecuencia para evitar la araña roja; existen muchas combinaciones de colores.

Las 20 especies más importantes
DENDROBIUM

Dendrobium kingianum

Altura: 20-40 cm
Floración: De mediados de invierno a mediados de primavera
Especie australiana

➤ robusta y de floración abundante ✽

Flores: Muchas flores pequeñas en un racimo terminal, genera muchos racimos incluso en tallos viejos.
Ubicación: Lugar fresco, con buena luz hasta soleado.
Cuidados: Cultivo en macetas, es posible sujetarla a un sustrato duro; produce muchas plantas hijas, también se puede multiplicar por división; en verano puede estar en el jardín, necesita noches frescas durante todo el año, de finales de otoño a principios de invierno es necesario colocarla en una habitación fresca y no regarla durante ese tiempo.
Otros datos: Crecimiento muy denso, florece con toda seguridad.

Dendrobium lawesii

Altura: 20-40 cm
Floración: Puede florecer durante todo el año
Dendrobium natural

➤ flores y planta de aspecto muy curioso

Flores: Flores en umbela de color rojo intenso o carmín, parten casi directamente de los bulbos de dos años y que suelen carecer de hojas, una o dos umbelas por tallo; duración de las flores: de dos a tres meses.
Ubicación: Lugar templado y con buena luz.
Cuidados: Cultivo en macetas, también se prestan a vivir sobre sustrato duro (tronco o corteza) o en cestos, pero en este caso hay que dejar que los bulbos cuelguen y no atarlos.
Otros datos: Tallos muy largos y delgados, existen variedades naturales de muchas formas y colores.

Dendrobium São Paulo

Altura: 40-60 cm
Floración: De principios de invierno a finales de primavera
Híbrido de *Dendrobium-nobile*

➤ crecimiento extraordinario

Flores: Muchos racimos cortos con dos o tres flores que parten directamente de unos bulbos con hojas; flores con el centro oscuro y el borde de color rojo violáceo; duración de las flores: de dos a tres meses.
Ubicación: Lugar cálido y con buena luz.
Cuidados: Cultivo en maceta, es posible sujetarla a un sustrato duro; tolera bien el frío nocturno si el lugar es cálido durante el día; necesita imprescindiblemente una fase de reposo de finales de otoño a mediados de invierno durante la cual ha de permanecer en un ambiente fresco y seco; suele producir plantas hijas; cortar las partes florecidas a ras de bulbo, dejar los bulbos.

✽ periodo de reposo   monopodial   simpodial

Más especies de orquídeas

Aerangis y géneros próximos

Plantas pequeñas con muchas flores, generalmente blancas y con un largo espolón. Origen: África

Especie/ Variedad	Información resumida	Floración	Tamaño de las flores/ color	Tamaño de la planta/ altura del racimo	Peculiaridades
✿ Aerangis biloba		med. primavera med. otoño	3–4 cm, blanco puro, forma de estrella, flores abundantes	10–15 cm/ 20–30 cm, colgantes	pequeño espolón (5 cm); aromática por la noche
Aerangis kirkii		fin. invierno fin. primavera	4–5 cm, blanco puro, forma de estrella	8–10 cm/ 15–20 cm, colgantes	flores relativamente grandes, pequeño espolón colgante
Aerangis modesta		med. primavera fin. verano	2–3 cm, blanco puro, forma de estrella, flores abundantes	10–15 cm/ 20–40 cm, colgantes	espolón de gran tamaño (10 cm); aromática por la noche
Aerangis rhodosticta		fin. verano fin. primavera	2–3 cm, blanco puro	5–8 cm/ 7–25 cm, colgantes	destaca la estructura columniforme de color naranja en el centro de la flor
Mystacidium capense		med. primavera fin. verano	1,5–2 cm, blanco puro, forma de estrella	4–10 cm/ 10–15 cm, colgantes	planta pequeña con muchas flores

Angraecum

Flores generalmente blancas, de aspecto céreo y con un largo espolón. Origen: África tropical

Especie/ Variedad	Información resumida	Floración	Tamaño de las flores/ color	Tamaño de la planta/ altura del racimo	Peculiaridades
Angraecum didierii		med. invierno fin. primavera	4–6 cm, blanco	10–20 cm/ 8–10 cm	flor muy grande, apta para crecer como epífita
Angraecum eichlerianum		med. primavera fin. verano	8–12 cm, blanco con el centro verde	hasta 100 cm/ 10–15 cm	labelo muy grande, pulverizar agua con frecuencia
Angraecum germinyianum		fin. invierno fin. primavera	4–6 cm, blanco verdoso	20–30 cm/ 5–10 cm	crecimiento trepador, flores alargadas y giradas; pulverizar agua con frecuencia
Angraecum magdaleneae		med. primavera– fin. verano/ppos. otoño	10–13 cm, blanco	15–30 cm/ 5–8 cm	crecimiento lento
Angraecum scottianum		fin. primavera fin. otoño	4–6 cm, blanco	20–40 cm/ 5–10 cm	crecimiento trepador, pulverizar mucha agua; espolón de 10 cm
✿ Angraecum sesquipedale		med. invierno– fin. primavera	15–25 cm, beige a blanco	40–80 cm/ 20–60 cm	espolón de hasta 40 cm
✿ Angraecum veitchii		med. invierno– fin. primavera	10–14 cm, beige-blanco	30–60 cm/ 20–40 cm	Muchas flores en un racimo lateral

Tablas de plantas
MÁS ESPECIES DE ORQUÍDEAS

Ascocentrum, Vanda y géneros próximos
Conocidas y apreciadas por el color azul de sus flores. Muchas variedades muy atractivas.

Especie/Variedad	Información resumida	Floración	Tamaño de las flores/color	Tamaño de la planta/altura del racimo	Peculiaridades
Ascocenda Princess Mikasa		med. invierno ppos. invierno	4–6 cm, flores azules con labelo azul oscuro	30–50 cm/ 10–15 cm	planta pequeña; florece varias veces al año; ideal para cultivo en cesto
Ascocenda Sennezauber		ppos. primavera– med. verano	3–4 cm, amarillo con manchas marrones, labelo azul	20–40 cm/ 20–30 cm	florece con facilidad, tamaño relativamente pequeño, floración abundante
Ascocenda Yip Sum Wah		med. invierno ppos. invierno	3–5 cm, rojo anaranjado con puntos de color rojo oscuro	30–50 cm/ 10–20 cm	tamaño reducido, florece varias veces al año; cultivo en cesto
Ascocentrum miniatum		fin. primavera fin. verano	1–2 cm, naranja claro hasta rojo cinabrio	15–30 cm/ 5–15 cm	flores densas, cultivo en cesto
Ascofinetia Cherry Blossom		ppos. primavera med. verano	1–2 cm, rosa a violeta, floración abundante	10–20 cm/ 5–10 cm	florece con facilidad, pequeña, fácil de cuidar
Neofinetia falcata		med. primavera fin. verano	1 cm, blanco	15–20 cm/ 5–10 cm	flor nacional del Japón; se mantiene pequeña
Renanthera monachica		fin. otoño med. primavera	3–5 cm naranja con puntos rojos	30–90 cm/ 15–40 cm	cultivo en maceta con muy buen drenaje, mejor en cesto
Vanda Kasem's Delight		med. invierno ppos. invierno	10–15 cm, lila azulado con labelo azul oscuro	60–120 cm/ 30–40 cm	flores muy atractivas, de siete a doce en cada racimo.

Brassia y géneros próximos
Sus largos tépalos les han valido el nombre de «orquídeas araña». Les sienta muy bien pasar el verano en el jardín.

Especie/Variedad	Información resumida	Floración	Tamaño de las flores/color	Tamaño de la planta/altura del racimo	Peculiaridades
Brassia Rex		med. primavera med. otoño	hasta 30 x 5 cm, verde amarillento con puntos marrones	40–60 cm/ 50–70 cm	se puede mantener en ambiente cálido, no necesita período de reposo
Brassia verrucosa		med. primavera ppos. verano	hasta 25 x 5 cm, amarillo verdoso con puntos marrones	40–60 cm/ 50–70 cm	también se puede mantener en ambiente cálido, no necesita período de reposo
Degarmoara Flying High		ppos. invierno fin. primavera	14 x 5 cm, amarillo, puntos marrones, labelo ancho	30–50 cm/ 40–60 cm	crecimiento denso, floración abundante, se emplea en muchas hibridaciones
Degarmoara Spider's Feast		med. otoño fin. primavera	10–15 cm, amarillento, labelo más claro, con manchas marrones	50–70 cm/ 60–100 cm	flores grandes, no necesita periodo de reposo
Miltassia Mourier's Bay		med. otoño fin. primavera	20 x 6 cm, rojizo, puntos blancos	30–50 cm/ 30–60 cm	flores muy amplias con forma de araña
Odontobrassia Gordon Dillon		med. otoño fin. primavera	5–12 cm, muchos colores, tépalos acabados en punta	20–50 m/ 30–100 cm	el crecimiento denso de *Brassia* y el colorido de *Odontoglossum*

Coelogyne

Ya no es tan frecuente como antes. Las plantas pueden colgarse en el jardín durante el verano. Florecen a partir de tallos nuevos en desarrollo

Especie/ Variedad	Información resumida	Floración	Tamaño de las flores/ color	Tamaño de la planta/ altura del racimo	Peculiaridades
Coelogyne cristata		med. invierno ppos. primavera	8–10 cm, blanco, labelo amarillo, racimo colgante	20–40 cm/ 15–30 cm	mantener en ambiente fresco (10-12 °C) y seco de fin. otoño–ppos. invierno; crecimiento denso
Coelogyne Fritz Henkel		med. invierno med. primavera	10–16 cm, blanco, labelo parcialmente amarillo, nervaduras marrones	40–50 cm/ 40–60 cm	floración en revólver: cuando una flor se abre, se marchita la anterior
Coelogyne mooreana		med. invierno med. primavera	10–14 cm, blanco, labelo amarillo, racimo vertical	40–50 cm/ 30–60 cm	flores majestuosas; por desgracia no tiene un crecimiento muy denso
Coelogyne ochracea		med. primavera ppos. verano	2–4 cm floración abundante, blanco a amarillo crema	20–30 cm/ 10–20 cm	ideal para la repisa de la ventana; racimos colgantes
Coelogyne speciosa		med. verano med. otoño	12–16 cm, color salmón, labelo blanco, nervaduras marrones	40–60 cm/ 30–50 cm	floración en revólver; no cortar el racimo, florece de nuevo

Epidendrum

Actualmente este género se ha dividido en *Encyclia* (con bulbos), *Epidendrum* (crecimiento trepador) y algunos otros géneros

Especie/ Variedad	Información resumida	Floración	Tamaño de las flores/ color	Tamaño de la planta/ altura del racimo	Peculiaridades
Encyclia cochleata		fin. invierno ppos. verano	6–8 cm, verde con labelo casi negro	20–50 cm/ 10–30 cm	crecimiento denso, labelo orientado hacia arriba, floración prolongada
Encyclia lancifolium		ppos. primavera fin. verano	4–5 cm, verde, labelo negro con nervaduras	20–40 cm/ 10–20 cm	crecimiento denso, labelo orientado hacia arriba, floración prolongada
Encyclia mariae		ppos. primavera med. verano	hasta 12 x 5 cm, verde, labelo grande, blanco, rizado	15–25 cm/ 5–10 cm	flores terminales
Encyclia vitellina		fin. verano fin. primavera	3–5 cm, naranja luminoso	20–25 cm/ 15–20 cm	Hojas de color verde claro con reflejos plateados; proteger de la araña roja
Epidendrum Joseph Lii		ppos. primavera med. otoño	2–3 cm, umbelas rojas	30–60 cm/ 20–40 cm	crecimiento muy denso; flores terminales, floración muy larga
Epidendrum pseudo-wallisii		med. primavera med. verano	3–4 cm, amarillo, labelo beige, punteado de azul	40–70 cm/ 4–6 cm	flores terminales; necesita agua de lluvia o desmineralizada
Epiphronitis Veitchii		med. invierno ppos. invierno	2 cm, umbelas rojas	10–20 cm/ 4–6 cm	crecimiento denso, flores terminales, floración muy larga
Nanodes porpax		med. otoño ppos. primavera	2–3 cm, verde, labelo marrón brillante	2–3 cm / –	tapizante, muy pequeña, muchas flores, muy densa
Oerstediella centradenia		med. invierno fin. primavera	2–4 cm, umbela lila	5–25 cm/ 3–6 cm	pulverizar agua en abundancia; desarrollo intenso; flores terminales

Tablas de plantas
MÁS ESPECIES DE ORQUÍDEAS

Lycaste y géneros próximos

Flores atípicas, bulbos con hojas grandes y suaves que en general sólo aparecen en la época de la floración. Pueden tener varias flores por bulbo.

Especie/Variedad	Información resumida	Floración	Tamaño de las flores/color	Tamaño de la planta/altura del racimo	Peculiaridades
Anguloa clowesii		med. primavera ppos. verano	8–10 cm, flores campaniformes de color amarillo intenso	50–80 cm/ 20–30 cm	color muy atractivo, en verano se puede mantener en el jardín
Lycaste aromatica		fin. primavera ppos. verano	4–6 cm floración abundante, amarillo intenso	30–40 cm/ 5–10 cm	crecimiento intenso, adecuada para galerías e invernaderos
Lycaste skinneri		med. primavera med. verano	10–14 cm, rojo rosáceo o blanco puro	50–80 cm/ 10–20 cm	no le es imprescindible el periodo de reposo
Lycaste Wyld Court		med. primavera med. verano	10–15 cm, marrón rojizo y blanco, labelo con dibujo	50–80 cm/ 10–20 cm	híbrido muy atractivo, no le es imprescindible el periodo de reposo

Masdevallia

Se reconocen fácilmente por las prolongaciones filamentosas de sus tépalos.

Especie/Variedad	Información resumida	Floración	Tamaño de las flores/color	Tamaño de la planta/altura del racimo	Peculiaridades
Masdevallia Angel Frost		ppos. invierno fin. invierno	3–5 cm, amarillo, centro anaranjado	8–14 cm/ 12–18 cm	crecimiento denso, florece sin problemas
Masdevallia coccinea		ppos. primavera pos. verano	7 x 3 cm, rojo púrpura, también blanco, rosa o amarillo	30–40 cm/ 40–50 cm	flores grandes, muchos híbridos, dejar en el jardín durante el verano
Masdevallia Tuakau Candy		fin. invierno fin. primavera	3–5 cm, blanco con dibujo rojo claro	8–14 cm/ 12–18 cm	muchas flores solitarias, muy atractiva

Phragmipedium

Orquídeas sudamericanas en forma de zapato. Toleran una humedad mucho más elevada incluso pueden estar siempre en el agua. No se marchitan, sino que se desprenden antes de las flores.

Especie/Variedad	Información resumida	Floración	Tamaño de las flores/color	Tamaño de la planta/altura del racimo	Peculiaridades
Phragmipedium besseae		med. primavera fin. verano	6–8 cm, rojo cinabrio hasta naranja	10–20 cm/ 30–40 cm	sustrato denso, muy húmedo, es raro que florezca varias veces
Phragmipedium Carol Kanzer		fin. invierno ppos. verano	4–6 cm, rosa	15–20 cm/ 20–25 cm	hojas con aspecto de cañas, muchos tallos, floración abundante
Phragmipedium Eric Young		med. invierno med. verano	6–10 cm, florece de una a tres veces	30–40 cm/ 40–60 cm	planta grande con flores muy atractivas, florece varias veces
Phragmipedium Sedenii		med. otoño med. primavera	4–6 cm, rosa claro con labelo rosa oscuro	25–35 cm/ 35–45 cm	planta grande de crecimiento muy denso y con flores relativamente pequeñas

Otros géneros de orquídeas

Género	Información resumida	Floración	Flores	Morfología	Peculiaridades
Ansellia		ppos. primavera fin. otoño	amarilla con puntos marrones	bulbos alargados hojas finas	crece bastante, muy bonita en galerías e invernaderos
Bulbophyllum		fin. primavera fin. verano	florece de una a varias veces, forma muy extraña	generalmente pequeña, también hay especies grandes	necesita poco espacio, suele ser trepadora
✿ Calanthe		med. invierno fin. primavera	racimos delicados y de colores alegres	suele florecer a partir de bulbos gruesos y sin hojas	regar poco en invierno o invernar los bulbos sin tierra
Cirrhaea		ppos. primavera med. otoño	tallos colgantes con flores de aspecto muy extraño	bulbos pequeños, hojas grandes	planta muy interesante para macetas colgantes
Cochlioda		med. verano fin. otoño	rojas	planta pequeña del grupo *Odontoglossum*	relativamente fácil de cultivar, también como epífita
Comparettia		med. verano ppos. primavera	flores rojas o naranjas con labelo muy grande	bulbos pequeños, hojas recias	relativamente difícil de cultivar, mejor como epífita
✿ Cymbidium		fin. verano/ppos. otoño–fin. primavera	grandes racimos florales, también colgantes	generalmente grande, existen variedades pequeñas	si es posible, dejarla en el jardín de fin. primavera–fin. verano/ppos. otoño
Dendrochilum		ppos. primavera fin. otoño	flores inapreciables, muchos racimos a la altura de las hojas	bulbos poco evidentes, cada uno tiene una hoja	muchas especies: grandes, pequeñas, alegres, hay de floración difícil y fácil
Disa		med. primavera–fin. verano/ppos. otoño	flores grandes, atípicas colorido intenso, rosa o rojo	hojas abundantes y dispuestas en roseta	sustrato a base de turba blanca, esfagnos y arena; mantener en lugar fresco, temperatura nocturna de 10-12 °C
Eria		med. invierno–ppos. invierno, según variedades	flores numerosas y poco aparentes	plantas de bulbos con muchos tallos	necesitan mucha luz y una buena ventilación, florecen por etapas
Galeandra		med. invierno–ppos. invierno, según variedades	flores grandes y de forma cónica	compacta, bulbos pequeños y estilizados	sustrato bien ventilado, cultivo en cestos, mucha luz, mantener seca en invierno
Gomesa		med. otoño fin. primavera	flores abundantes pero poco evidentes	bulbos planos con dos o tres hijas	mantener en el jardín durante el verano
Gongora		med. invierno ppos. invierno	flores muy curiosas, racimos colgantes	bulbos con surcos y hojas con nervaduras	racimos colgantes, cultivo en cestos o en macetas colgantes
Ionopsis		fin. verano med. primavera	flores blancas tirando a rosa, tallo floral ramificado	muy pequeña, crecimiento ligeramente trepador	cultivo como epífita, muy adecuada para vitrinas y terrarios
Kefersteinia		fin. verano/ppos. otoño–med. primavera	flores relativamente pequeñas, rizadas y punteadas	muchos tallos, sin bulbos evidentes	Necesita mucha luz, muy tolerante con las temperaturas; adecuada para galerías, vitrinas y terrarios
Leptotes		fin. invierno fin. primavera	flores abiertas, blancas con labelo de color lila	pequeña, muchos tallos, hojas de sección redonda	cultivo en vitrina y como epífita, también puede vivir en macetas
✿ Ludisia discolor		fin. invierno fin. primavera	flores pequeñas y blancas, labelo amarillo, tallo floral vertical	hojas de color verde suave, dibujo amarillo	sustrato con turba, no mojar las hojas, necesita sombra

Tablas de plantas
MÁS ESPECIES DE ORQUÍDEAS

Otros géneros de orquídeas

Género	Información resumida	Floración	Flores	Morfología	Peculiaridades
Maxillaria		med. invierno–ppos. invierno, según variedades	flores grandes, generalmente a la altura del borde de la maceta	gran diversidad de tamaños	fácil de cuidar, preguntar al adquirirla acerca del cultivo apropiado
Notylia		fin. verano med. primavera	floración abundante, racimos largos y colgantes	pequeña, las hojas pueden tener forma de abanico	adecuada como epífita y para vitrinas o terrarios
✿ Phaius		fin. invierno fin. primavera	flores grandes, marrones, en forma de estrella, labelo rojo y blanco	hojas similares a las de las palmeras, grande, crecimiento denso	su tamaño hace que sólo sean adecuadas para galerías o ventanas del recibidor con buena luz
Pleione		ppos. primavera fin. primavera	flores muy grandes, generalmente de color rosa, labelo blanco	bulbos compactos, pequeña, hojas suaves	muy apropiadas para el jardín, en otoño se desprende de sus hojas
Pleurothallis		med. invierno ppos. invierno	flores pequeñas, pero muy bonitas	bulbos delgados y alargados, cada uno con una hoja	necesita una elevada humedad ambiental, solamente para vitrinas, terrarios o invernaderos
Polystacha		med. invierno–ppos. invierno, según variedades	generalmente pequeñas, abundantes y de colorido muy intenso	desarrollos muy diversoss	fácil de cuidar
Promenaea		fin. primavera–fin. verano/ppos. otoño	flores grandes, colorido generalmente intenso	bulbos pequeños con dos hojas	florece bajo las hojas a la altura de la maceta, mantener en lugar ventilado durante el invierno
Restrepia		ppos. invierno fin. primavera	flores pequeñas pero muy bonitas	bulbos en forma de peciolos, una sola hoja	
Rodriguezia		med. invierno–ppos. invierno, según variedades	muchas flores, blanco a rosa, generalmente varios racimos	bulbos duros con hojas recias	fácil de cuidar, florece sin dificultad
✿ Rossioglossum		ppos. invierno med. primavera	flores muy grandes, amarillas, dibujo marrón	bulbos fuertes, dos hojas	se comercializa también como *Odontoglossum*, orquídea para principiantes
✿ Sarcochilus		fin. verano med. primavera	flores blancas con puntos marrones	similar a la Vandeen, pero más pequeña	interesante por su tamaño y sus flores, crecimiento muy lento
✿ Sigmatostalix		fin. verano fin. otoño	labelo blanco con un punto amarillo, columna negra	pequeña, tapizante y con muchos tallos	regar poco pero sin dejar que se seque, crecimiento rápido
Sobralia		med. primavera med. otoño	flores grandes parecidas a las de *Cattleya* y muy bonitas	bulbos alargados de hasta 2 m con una sola hoja	ideal para galerías, crecimiento intenso
Stanhopea		fin. primavera med. otoño	flores grandes y curiosas, floración corta	bulbos con una hoja	apta sólo para el cultivo en cestos colgantes ya que la flor crece verticalmente hacia abajo
Trichopilia		med. invierno ppos. invierno	flor muy grande con labelo muy destacado	bulbos planos con una hoja	florece a la altura del borde de la maceta, adecuada para cestos y macetas colgantes
Vanilla		med. invierno fin. primavera	flor grande, beige, con el labelo blanco, floración corta	planta trepadora, florece cuando alcanza una longitud de 7 m o más	de su fruto se obtiene el aroma a vainilla, para invernaderos
Zygopetalum		med. invierno ppos. invierno	flores generalmente grandes, labelo con nervaduras azuladas	hojas largas y estrechas	abonar y regar bien; se han obtenido nuevos híbridos muy interesantes

Calendario de trabajo

Mediados de invierno–Finales de primavera: planificar las nuevas adquisiciones

MEDIADOS DE INVIERNO

- ➤ **Elegir:** Anote los lugares en los que dispone de espacio para nuevas orquídeas.
- ➤ **Cultivar:** Según cuando haya empezado el periodo de reposo puede volver a colocar sus orquídeas en el emplazamiento habitual.
- ➤ **Cuidar:** Aumentar progresivamente el riego de las orquídeas después del periodo de reposo.
- ➤ **Protección:** No riegue a sus plantas en exceso, ahora necesitan menos agua.

FINALES DE INVIERNO

- ➤ **Elegir:** Acuda a exposiciones e infórmese acerca de las últimas variedades.
- ➤ **Cultivar:** A medida que vayan alargando los días cada vez hará menos falta la iluminación artificial.
- ➤ **Cuidar:** Prepare suficiente tierra y macetas para trasplantar sus orquídeas.
- ➤ **Protección:** Ahora es su última oportunidad para proporcionar un periodo de reposo de dos meses a las plantas que necesiten temperaturas más frescas.

Finales de primavera–Finales de verano: las orquídeas en su emplazamiento de verano

FINALES DE PRIMAVERA

- ➤ **Elegir:** Si va a comprar plantas, protéjalas del calor y no las lleve en el maletero del coche.
- ➤ **Cultivar:** A partir de mediados de primavera ya podrá llevar a un rincón sombrío del jardín aquellas orquídeas que puedan vivir al aire libre.
- ➤ **Cuidar:** Última oportunidad para efectuar trasplantes.
- ➤ **Protección:** Busque a alguien que pueda hacerse cargo de sus plantas cuando usted se vaya de vacaciones.

PRINCIPIOS DE VERANO

- ➤ **Cultivar:** Proporcióneles una elevada humedad ambiental a sus orquídeas y pulveríceles agua con más frecuencia.
- ➤ **Cuidar:** Si le es posible, recoja agua de lluvia en abundancia para disponer de reservas cuando lleguen los meses más secos. El agua de lluvia es ideal para las orquídeas porque es muy pobre en sales minerales.

Principios de otoño–Principios de invierno: las orquídeas en invierno

FINALES DE VERANO/PRINCIPIOS DE OTOÑO

- ➤ **Cultivar:** Ahora ya toca recoger las orquídeas que estaban en el jardín y volver a entrarlas en casa.
- ➤ **Cuidar:** Última oportunidad para efectuar trasplantes.
- ➤ **Protección:** Revise bien las plantas que estaban en el jardín, y antes de entrarlas en casa asegúrese de que no vayan acompañadas de parásitos u otros animales indeseables.

MEDIADOS DE OTOÑO

- ➤ **Elegir:** En otoño también suelen celebrarse exposiciones de orquídeas.
- ➤ **Cultivar:** Es probable que ya sea hora de volver a proporcionar luz artificial a sus plantas.
- ➤ **Cuidar:** Riéguelas bastante menos.
- ➤ **Protección:** Revise sus orquídeas frecuentemente en busca de pulgones y cochinillas. En esta época son frecuentes.

PRINCIPIOS DE PRIMAVERA

- **Elegir:** Revise los catálogos y busque orquídeas que florezcan en una época en que no lo haga ninguna de las que ya tiene.
- **Cultivar:** Proporciónelas sombra en los días en que haga demasiado sol.
- **Protección:** Vigile la posible presencia de parásitos en sus plantas.
- **Multiplicar:** Al trasplantar sus orquídeas puede aprovechar la ocasión para dividirlas.

MEDIADOS DE PRIMAVERA

- **Cultivar:** Ahora es el mejor momento para sujetar y trasplantar.
- **Cuidar:** Ahora disfrutará más de sus orquídeas que durante los meses de invierno.
- **Protección:** El aire seco hace que la araña roja se reproduzca a gran velocidad. Evítelo aumentando la humedad ambiental o pulverizando agua sobre las plantas. En caso necesario, trate a sus plantas lo antes posible.

MEDIADOS DE VERANO

- **Cultivar:** No se olvide de regar también a las orquídeas que pasen el verano en el jardín. Si lloviese mucho, protéjalas bajo techo para evitar que estén siempre mojadas.
- **Cuidar:** Nunca hay que trasplantar a las orquídeas durante los calurosos meses estivales. Cuando hace calor soportan muy mal los cambios.

FINALES DE VERANO

- **Cultivar:** A las orquídeas del género *Phalaenopsis* hay que proporcionarles un ambiente algo más fresco por la noche, o dejarles la ventana entreabierta.
- **Cuidar:** Cuando haga mucho sol, proporciónelas sombra a sus orquídeas o apártelas un poco de la ventana.
- **Protección:** En los años muy calurosos conviene trasladar las orquídeas de los generos *Miltonia*, *Odontoglossum* y similares a una habitación más fresca.

FINALES DE OTOÑO

- **Elegir:** En invierno no compre plantas con muchas yemas y capullos. No se llegarían a abrir.
- **Cultivar:** Traslade a una habitación fresca aquellas plantas que necesiten un periodo de reposo.
- **Cuidar:** Riegue solamente con agua a temperatura ambiente.
- **Protección:** Cuide de que las plantas tengan una buena renovación del aire pero sin estar expuestas a corrientes.

PRINCIPIOS DE INVIERNO

- **Elegir:** Si compra orquídeas en esta época, envuélvalas bien en papel de periódico para protegerlas del frío durante el transporte.
- **Cuidar:** Las plantas que estén en periodo de reposo hay que regarlas muy poco.
- **Protección:** En el corazón de las plantas no ha de quedar agua retenida. Absórbala con un pañuelo de papel.

Índice alfabético

Los números expresados en **negrita** hacen referencia a las ilustraciones

A
Abonar, 24, 25, 55
Abono completo, 25
Abono completo para orquídeas, 25
Abono N-P-K, 25
Abono para orquídeas, 24, 25, 26
Abonos, 25, 34
– orgánicos, 25
Acaricida, 31
Ácaros, 31
Aerangis, 6, 18
– *biloba*, 50
– *kirkii*, 50
– *modesta*, 50
– *rhodosticta*, **24**, 50
Agua, 20
Agua de lluvia, 24, 25
Agua de riego, 22, 25
– blanda, 27
– como mejorar el, 24
Aire fresco, 16, 27
– seco, 27
Aireación, 21
Análisis del sustrato, 21
Angraecum, 6, 18, 35
– *didierii*, 50
– *eichlerianum*, 50
– *germinyianum*, 50
– *magdaleneae*, 50
– *scottianum*, 50
– *sesquipedale*, 50
– Veitchii, 50
Anguloa clowesii, 53
Animales parásitos, 29, 30, 31
Ansellia, 54
Antimicóticos, 29
Aranda, 32
Araña roja, 31, 48
Arcilla, 16, 21, 23
Ascocenda, 18, 36, 51
– Princess Micaza, **36**, 51
– Sennezauber, 51
– Yip Sum Wah, 51

Ascocentrum miniatum, 51
Ascofinetia Cherry Blossom, 51
Atar, 13

B
Bandera, **6**
Base de la vitrina, 16
Bases, 13
Beallara, 46
Bolsas de intercambio en Internet, 37
Brassavola, 44
Brassia, 18
– rex, 51
– *verrucosa*, 51
Brassolaeliocattleya Emi Hoshino x Laelia dayana, 44, **44**
Bromeliáceas, 17
Broughtonia, 44
Bulbophyllum, **10**, 54
Bulbos, 7, 23, 30, 34, 35, 44, 47
Burrageara, 18, 46
– Nelly Isler, 46, **46**

C
Caída de yemas y capullos, 27
Cal, 20, 21
Calanthe, 18, 54
Calathea, 17
Calidad del agua, 25
Capa de drenaje, 13, 23, 48
Carbón activo en polvo, 23, 28, 34, 35
Carbón vegetal, 20, 21
Cascajo de arcilla, 23
Cattleya, 7, 18, 28, 44
Cattleya intermedia variedad Orlata, 9, 45, **45**
Circulación del aire, 20, 21
Cirrhaea, 54
Clima, 15, 58
Clonar, 36, 58
Cochinilla, 30, **30**, 31, 40, 44
– algodonosa, 30, 30, **31**
Cochlioda, 54
Coelogyne, 52
– *cristata*, 52
– Fritz Henkel, 52
– *mooreana*, 52
– *ochracea*, 52
– *speciosa*, 52
Columna, 6, **6**
Columnea, 17

Comparettia, 54
Compra, 10, 20, 36
Control sanitario, 10
Cordyline, 17
Corrientes de aire, 10, 15, 27
Corteza, 13, 16, 20, 44, 49
Corteza de pino, 20, 21
Cubetas con agua, 15, 18
Cubetas para plantas, 15
Cuidados, 21, 25, 40
Cuidados erróneos, 27
Cultivo, 12, 42, 47, 49
– en cestos, **12**, 13, 22, 24
– en maceta, 12, **12**, 22, 24
– sobre sustrato duro, **12**, 13, 22, 24
Cymbidium, 12, 18, 32, 54
Cypripedium, 42

D
Dar sombra, 14
Degarmoara Flying High, 51
– Spider's Feast, 20, 51
Dendrobium, 7, 32, 34, 48
– Jaquelyn Concert, 48, **48**
– *kingianum*, 9, 49, **49**
– *lawesii*, 49, **49**
– São Paulo, 49, **49**
Dendrochilum, 54
Desarrollo, 6, 46, **52**
– con un sólo tallo, **7**
– con tallos múltiples, **7**
Descenso nocturno de la temperatura, 8, 9, 15, 17, 29, 46
Desinfección, 28
Desinfectar, 23, 28
Dieffenbachia, 17
Difenbaquia, 17
Disa, 54
División, 34, **35**
Doritaenopsis, 40
Doritis, 40
Drenaje, 12, 23, **23**, 42, 48

E
Encyclia, 44
– *cochleata*, 52
– *lancifolium*, 52
– *mariae*, 52
– *vitellina* 52
Enfermedades bacterianas, 29
Enfermedades víricas, 29
Ensombrecer, 9, 17

Apéndices
ÍNDICE ALFABÉTICO

Epicattleya, 44
Epidendrum, 35, 44, 52
– Joseph Lii, 52
– *pseudo-wallisii*, 52
Epífitas, 7, 8, **13**, 22
Epiphronitis Veitchii, 52
Eria, 54
Errores de cultivo, 3, 26, 27
Espolón, 6, 48, 50
Esquejes, 34, 35, **35**

F
Falta de floración, 27
Fase de crecimiento, 22, 49
Fase de floración, 27
Ficus, 17
Filtro de carbón activo, 24
Flor, 6, 32, 40
Flores de las orquídeas, 6
Flores mojadas, 28
Fluorescentes de luz de día, 14
Fósforo, 25

G
Galeandra, 54
Galería, 13, 16, 17, **17,** 46
Gomesa, 54
Gongora, 54
Grupo *Cattleya*, 44 y sigui., 3, 39, 44
Grupo *Odontoglossum*, 3, 39, 47

H
Hawkinsara, 44
Helechos, 17
Híbridos de *Dendrobium-Phalaenopsis*, 19
Híbridos de *Odontoglossum*, 28
Hojas en acordeón, 26, 27
Hojas, 6, 9, 16, 26, 31, 40
– recubrimiento pegajoso de las, 29
Hongos, 3, 10, 28, 29
Hormonas de crecimiento, 27
Humedad, 6, 8
– relativa del aire, 9, 13, 16, **16**, 30

I
Iluminación, 11, 16
– complementaria, 14, 15
Infecciones bacterianas, 29
Insecticidas, 31
Intervalo de temperaturas, 10, 17
Invernadero, 13, 16, 17, **17**

K
Kefersteinia, 54

L
Labelo, 6, **6**, 40, 45, 51
Laboratorio, 37, **37**
Laelia, 44, 45
Laeliocattleya, 9, 44, 49
– Ronja, 9, 45, **45**
Lámparas, 14
Leptotes, 54
Lesiones en las raíces, 26
Luces complementarias, 9
Ludisia discolor, 54
Luz, 8, 14, 16, 41, 45, 54
Lycaste, 53
– *aromatica*, 53
– *skinneri*, 53
– Wyld Court, 53

M
Maceta, 10, 12, 18, 22, 28
– colgantes, 13, **14**
– de barro, 12
– de plástico, 12, 20
Maceteros,12, 18
Marantha, 17
Masdevallia Angel Frost, 18, 25, 53
– *angulata*, **25**
– Tuakau Candy, 53
Maxilaria, 55
Micosis, 10, 28, 29
Microclima, **16,** 18
Miltassia Mourier's Bay, 51
Miltonia, 7, 11, 18, **47**
– Augres, 47, **47**
– Red Tide, **11**, 34
Minerales, 20, 21, 24, 26
Morfología de la flor, **6**
Multiplicación, 34, 35, 37
Musgo de Nueva Zelanda, 20, 21
Mystacidium capense, 50

N
Nanodes porpax, 52
Necesidad de agua, 24
Neofinetia falcata, 51
Nitrógeno, 25
Nombre científico, 11
– común 11
Nombres de especies,11
Nombres de las variedades, 11
Nombres de los géneros, 11
Nombres de los híbridos, 11
Notylia, 55
Nutrientes, 6, 13, 20, 22, 25

O
Odontioda , 9, 46
– Lavender Lace x Aviewood, 9, 47, **47**
Odontobrassia Gordon Dillon, 51
Odontocidium, 19, 46
Odontoglossum, 7, 18, 46
Oerstediella centradenia, 22, 52
Oligoelementos, 25
Oncidium, 9, 18
– Aloha Iwanaga, 9, 47, **47**
Orificios de desagüe, 12
Orquídeas, 10
– de clima cálido, 9
– de clima fresco, 9
– de clima templado, 9
– en forma de zapato, 6, **6**, 12, 18, 42
– epífitas, 8
– monopodiales, 6, 23, 34, 35
– que necesitan calor, 9
– simpodiales, 7, 23, 27, 34
– terrestres, 8
Oscilaciones de temperatura, 19, 42

P
Pantallas dobles, 14
Paphiopedilum, 7, 12, 18, 19, 39, 42
– Actaeus, 9, 42, **42**
– Ambiente, 43, **43**
– Berenice, 43, **43**
– Blendia, 9, 43, **43**
Periodo de reposo, 7, 18, 27, 41
Perlita, 21
Pétalos, 6, **6,** 29, 43
PH, 21, 42
Phaius, 55
Phalaenopsis, 6, 7, 18, 28, 32, 34, 40
– *equestris*, 9, 40, **40**
– Ever-Spring Light, 41, **41**
– Professor Rubinia x venosa, 41, **41**
– Taipei Gold, 9, 41, **41**
Philodendron, 17
Phragmipedium, 42, 53
– *besseae*, 53
– Carol Kanzer, 53
– Eric Joung, 53
– Sedenii, 53
Planta madre, 35, 37
Plantas de complemento, 17, **17**
Plantas enfermas, 28
Plantas epífitas, 8, 42, 44
Plantas hijas, **22**, 34, 35, **35**

59

Platyceriun, 17
Pleione, 55
Pleurothallis, 55
Podredumbre de brotes, **28**
Polen, 6
Porexpán, 23
Posición de las flores, 27
Potasio, 25
Potinara, 44
– Philipp Ossa, 45, **45**
Poystachia, 55
Protección de la naturaleza, 37
Prueba del dedo, 24, 25
Pseudobulbos, 7, 28
Pulverizar, 15, 24
Puntas de las raíces, 27

Raíces, 6, 10, 12, 20, 21-24, 34, 45
– sanas, **27**
– secas, **27**
Raíces aéreas, 23, 35, 42, 47
Regar, 23, 24, 26, **26**, 27
– por inmersión, 24
Renanthera monachica, 51
Repisa de la ventana, 14, 15, 34
Reproducción, 36, 37
– asexual, 36
– de tejidos, 36
– por meristemas, 36
Reservas de agua, 15
Restrepia, 55
Retención de humedad, 40

Rodriguezia, 55

Sales minerales, 20, 24, 26, 56
Sarcochilus, 55
Selenipedium, 42
Semillas, 36, 37
– siembra de las, 36
Sépalos, 6, **6**
Sigmatostalix, 55
Simiente, 37
Simpodial, 7, 41, 43
Sobralia, 55
Sol, 9, 11, **15**, 29, 44
– directo, 9, 17
Sombra, 14, 16, 17, **17**
Sophrolaeliocattleya, 44
Sophronitis, 44
Sphagnum sp., 21
Stanthopea, 55
Sustrato de turba, 20
Sustrato para orquídeas, 20, 21
Sustrato, 13, 20, **21**, 23, 24, 26

Tallos florales, 13, 23
Temperatura, 8, 15, 16, 27
Temperatura diurna, 9
Temperatura nocturna, 8, 9, 15
Temperaturas altas, 27
Tépalos, 44
Termómetro de máxima y mínima, 8, 15, 17
Tierra para flores, 20

Transporte, 11
Trasplantar, 22, 30, 42, 47
Trichopilia, 55
Trips, 31
Tronco con epífitas, 16
Tubos fluorescentes, 14
Turba, 21

Ubicación, 14, 40-49

Vainilla, 7, 32, 35
Vanda, 7, 18
– Kasem's Delight, 51
Vandeen, 36, **36**
Vanilla, 55
– *planifolia*, 7
Velamen, 7
Ventana, 14, 15, 18
Ventana para orquídeas, 13, 15
Ventilación, 16, 20, 30, 44
Ventiladores,15, 16, 28
Vermiculita, 20, 21
Vitrina, 13, 16, **16**
– para orquídeas, 16

Wilsonara, 46

Zygopetalum, 8, 18, 55
– Artur, Elle, **8**

Apéndices
ZONAS CLIMÁTICAS Y DIRECCIONES DE INTERÉS

Debido a las grandes diferencias climáticas y microclimáticas existentes, hemos establecido los criterios hortícolas pensando en un jardín de una zona templada media, sin grandes heladas invernales ni un calor sofocante en verano. Por lo tanto, cada lector deberá adelantar o retrasar las labores correspondientes dependiendo de si su jardín se halla en una zona más cálida o más fría que la media considerada.

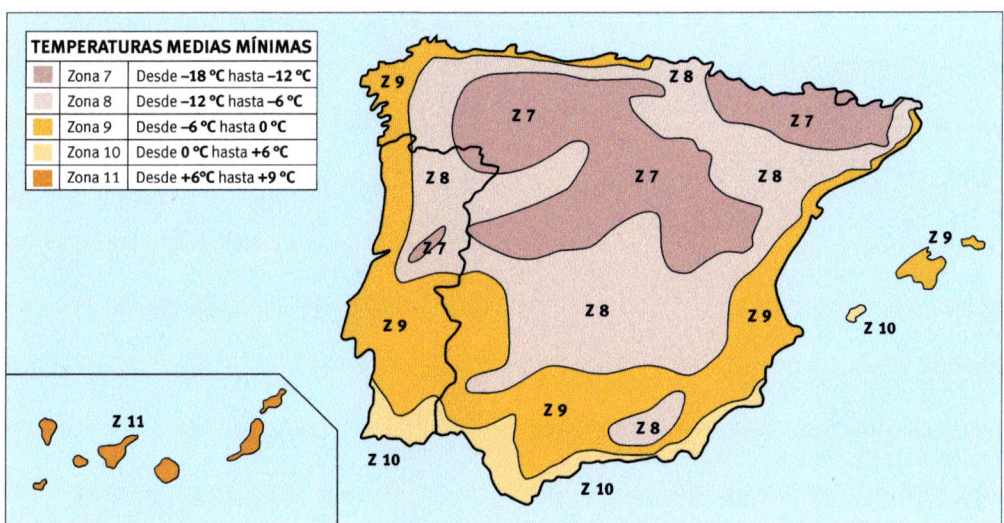

Jardín Botánico, Juan Carlos I, de la Universidad de Alcalá de Henares. Posee un Orquideárium, con una colección de cerca de 200 especies de orquídeas, acompañadas por plantas epífitas, carnívoras y otras tropicales.
http://www.rjbalcala.com
Associació Catalana d´Amics de les Orquídies. Organizan cada año, en el mes de Diciembre, en el invernadero del Parque de la Ciudadella de Barcelona una exposición de orquídeas y organizan talleres prácticos sobre el cultivo de las orquídeas.
http://www.acao.info
Jardín Botánico de Córdoba. Posee una colección de orquídeas en los invernaderos de Exhibición de Flora Americana donde además se muestra una extensa colección de la riquísima flora de este continente, distribuida en tres pabellones (Templado-Húmedo, Cálido y Xerofítico). http://www.jardinbotanicodecordoba.com
Grupo Orquideófilo Canario.
http://www.lanzarote.net/ogro
Orquídeas Ibéricas.
http://www.orquideasibericas.info
Club Amigos de las Orquídeas
club_orquideas@teleline.es
Orquidiòfils Valencians: organizan cada año una exposición de Orquídeas Exóticas en el Jardín Botànic de la Universitat de València

Así disfrutará con sus orquídeas

▸ 1. UNA BUENA ELECCIÓN
Antes de comprar una nueva orquídea asegúrese de que dispone de **una ventana adecuada** para ella. También deberá disponer de un lugar idóneo para su periodo de reposo. Las orquídeas del género *Phalaenopsis* son las ideales para los principiantes: no necesitan periodo de reposo y su floración es muy larga.

▸ 4. CUIDE LA HIGIENE
Revise frecuentemente sus orquídeas en busca de posibles **animales parásitos**, especialmente debajo de las hojas y en las axilas. Controle también sus otras plantas de interior y aísle inmediatamente cualquier planta infestada.

▸ 7. REGAR SIN EXCEDERSE
Marque en el calendario los días en que riega sus orquídeas o en que las baña por inmersión. Antes de regar hay que controlar la **humedad** de la tierra con el dedo. Si la humedad relativa del aire es muy elevada habrá que regar menos. En caso de duda, es mejor esperar un día más antes de volver a regar.

▸ 8. AGUA PARA REGAR
La calidad del agua es vital para las orquídeas. Si no puede conseguir **agua de lluvia** tendrá que tratar el agua del grifo y desmineralizarla con un **filtro** adecuado. Así eliminará su contenido en sales minerales.

Nuestros 10 consejos básicos

▶ 1 COMPRE SOLAMENTE PLANTAS DE BUENA CALIDAD

Las compras espontáneas pueden ser buenas, pero es mejor efectuar una elección cuidadosa. Las plantas sanas, bien **cuidadas**, con parte de las flores aún cerradas y con raíces abundantes son las que más satisfacciones le proporcionarán. Lo ideal es comprarlas en comercios especializados en los que también puedan darle un buen **asesoramiento**.

▶ 3 INFÓRMESE BIEN

A la hora de efectuar la compra, **infórmese** acerca de su nueva planta: ¿cuándo y con qué frecuencia florece, cómo hay que cortar el racimo, cuánto dura su floración? También es muy importante averiguar si esa orquídea necesita un **periodo de reposo.** Si no se le respeta, luego no volvería a florecer.

▶ 5 VALE LA PENA EMPLEAR UN BUEN SUSTRATO

Asegúrese de **disponer** de suficiente sustrato para orquídeas. A veces es difícil obtener uno de buena calidad, pero también puede prepararlo usted mismo. Emplee siempre **el mismo sustrato**. Así tendrá la seguridad de que sus orquídeas vivirán perfectamente durante muchos años.

▶ 6 TRASPLANTAR A TIEMPO

Trasplante a sus orquídeas periódicamente, a ser posible **cada dos años.** Las plantas nuevas hay que trasplantarlas al cabo de un año. Las orquídeas es raro que necesiten una maceta más grande, pero sí **sustrato nuevo.** La tierra vieja se compacta e impide la ventilación de las raíces.

▶ 9 ABONAR CON MODERACIÓN

El abono les proporciona a las orquídeas nutrientes tales como nitrógeno, fósforo, potasio y oligoelementos. También en este caso: una **sobredosis** es perjudicial para las orquídeas y las hace más propensas a enfermar. Siga siempre las instrucciones del producto empleado.

▶ 10 MULTIPLICACIÓN SENCILLA

Las orquídeas simpodiales se multiplican cortando el **rizoma.** Algunas orquídeas monopodiales producen **plantas hijas.** Se las puede trasplantar cuando ya tienen raíces. Para obtener **esquejes** hay que cortar un trozo de tallo por debajo de las raíces aéreas.

Directora de la colección: Carme Farré Arana

Título de la edición original: Orchideen

Es propiedad
© Gräfe und Unzer Verlag GmbH, Múnich

© de la edición en castellano
Editorial Hispano Europea, S. A.

E-mail: hispanoeuropea@hispanoeuropea.com
Web: www.hispanoeuropea.com

© de la traducción: Enrique Dauner

Toda forma de reproducción, distribución, comunicación pública o transformación de esta obra solo puede ser realizada con la autorización de sus titulares, salvo la excepción prevista por la ley. Diríjase al editor si necesita fotocopiar o digitalizar algún fragmento de esta obra.

Depósito Legal: B. 6058-2014

ISBN: 978-84-255-1670-2

Sexta edición

ADVERTENCIAS IMPORTANTES

> Algunas de las plantas descritas en este libro son venenosas o irritantes. No hay que consumirlas.
> Guarde los abonos e insecticidas fuera del alcance de los niños y los animales domésticos.
> Si se hiere trabajando con sus plantas vaya urgentemente al médico. Es posible que deba administrarle la vacuna antitetánica.

ACERCA DEL AUTOR

Frank Röllke es cultivador de orquídeas y copropietario de un vivero que exporta plantas a toda Europa. Sus profundos conocimientos del tema le han llevado a ser juez internacional en las exposiciones de orquídeas. Sus orquídeas han obtenido importantes premios en exposiciones de todo el mundo.

ACERCA DEL FOTÓGRAFO

Guido Sachse es técnico diplomado en construcción de jardines. Hace muchos años que dedica su tiempo libre a la fotografía de la naturaleza, interesándose principalmente por las plantas y los paisajes.

AGRADECIMIENTOS

El autor y el fotógrafo Guido Sachse agradecen la desinteresada colaboración del Berggarten de Hannover.

Crédito de fotografías:

Todas las fotografías han sido realizadas por Guido Sachse, a excepción de: Bornemann: U4 centro, 4/5, 12 der., 23; Eden/Sänger: 13; Eisenbeiss: 8, 9; Ernst: 32 der.; Redeleit: 10, 12 centr., 14, 16; Reinhard: 17, 32 izq.; StockFood/Brauner: 33 der.; StockFodd/Eising: 33 izq.; Strauss: 15, 21.

Consulte nuestra web:
www.hispanoeuropea.com